Bärbel Mohr

Lichtkinder

Bärbel Mohr

Lichtkinder

Spirituelle Verbundenheit und Kreativität fördern

Illustrationen: Stefan Stutz

KOHA

Lektorat: Delia Rösel
Illustrationen: Stefan Stutz
Gesamtherstellung: Karin Schnellbach
Druck: Ueberreuter Buchproduktion
ISBN 3-936862-52-4

Inhalt

»Jedes Kind ist ein Künstler.
Die Frage ist nur:
Wie bleibt es ein Künstler,
wenn es groß wird?«

Pablo Picasso

Vorwort

Mit großer Freude sehe ich die weltweit wachsende Offenheit für geistige Kräfte. Für mich zeigt sich dies seit Jahren besonders am echten Interesse der Menschen am Wasser und seinen Botschaften und Kräften (siehe »Die Botschaft des Wassers«). Wasser ist ein Informationsspeicher und speichert all unsere Gedanken in Kristallstrukturen auf der Molekülebene ab. Das gilt für ein Glas Wasser, dem wir bewusst unsere Gedanken senden, und das gilt ebenso für unser Zellwasser (der Mensch besteht zu 70 Prozent aus Wasser): Es speichert gleichermaßen all unsere unbewussten Gedanken und Gefühle ab. Dabei aktivieren überwiegend konstruktive Gedanken- und Glaubensmuster unsere Selbstheilungskräfte und überwiegend negative blockieren sie. Das Wasser, in Form der Wasserkristalle, zeigt uns die sonst unsichtbaren Wirkungen der geistigen Kräfte wie Gedanken oder Gebete.

Was für ein Geschenk, wenn man die Wurzeln dieses Wissens um die geistigen Kräfte seinen Kindern bereits im Kleinkindalter vermitteln kann. Es ist herrlich, wenn ein Kind nicht erst jahrelang diesen Kräften keinerlei Bedeutung beimisst und es für selbstverständlich hält sich täglich immer mehr »gedanklich zu verunreinigen«? Wenn es stattdessen früh die Macht seiner Gedanken auf seinen eigenen Körper, auf sein Umfeld und auf die Qualität seines Lebens kennen lernt, so ist es wie eine göttlich sprudelnde Quelle, die immer ihre Reinheit behält.

Wie viel schöner ist das und um wie viel reicher ist solch ein Leben als eines, bei dem die Quelle erst völlig verdrecken und verschmutzen muss, bevor der Mensch lernt, dass er selbst derjenige war, der die Quelle seiner göttlichen Herkunft verschmutzt hat? Wie viel mehr Arbeit hat ein solcher Mensch, diese Quelle jemals wieder zu reinigen?

Mit großer Freude habe ich daher die Wasseruntersetzer und Licht-und-Liebe-Poster für Kinder in den Händen gehalten und ich sehe, wie das Wasser selbst und der universelle Geist wieder einen würdigen Platz im Herzen der Menschen bekommen – besonders auch der kleinen Menschen. Wir können uns selbst und dem ganzen Planeten kein größeres Geschenk machen.

In diesem Sinne wünsche ich allen Lesern und Kindern, dass die Schwingungen von Liebe und Dankbarkeit ihren Alltag heilen mögen.

Masaru Emoto
Tokio im Januar 2005

Die Kraft des spirituellen Verbundenseins

Indigo-, Kristall- oder ganz normales Kind: Jedes Kind ist ein Kind des Lichtes und des Himmels und jedem Kind kann das in der frühen Kindheit bewusst gemacht (oder bewusst erhalten) werden – oder es kann es in der frühen Kindheit bereits vergessen.

Wobei ich weniger meine, dass es beim spirituellen Fördern der Kinder hoch vergeistigt oder gar andächtig bis heilig zugehen sollte (außer man hat ein Kind, das gerade darauf steht), sondern eher, dass spirituelles Verbundensein mit dem inneren Licht ganz normal in den Alltag gehören sollte.

Wozu das Ganze überhaupt:

a) Damit das Kind mit Hilfe seines inneren Lichtes später in der Lage ist, seine Identität zu finden, seine Berufung zu erkennen und zu leben, anstatt in irgendeinem Job vor sich hin zu dümpeln, ewig auf der Suche nach sich selbst.

b) Damit es sich von diesem inneren Licht durchs Leben leiten lassen kann. Schließlich wünschen wir uns für unsere Kinder, dass sie die Zeichen immer rechtzeitig erkennen, wenn das Leben ihnen sagen will, was richtig und oder weniger richtig für sie ist, wie sie ihre Gesundheit selbst am besten erhalten können und wie sie intuitiv die besten Entscheidungen treffen.

c) Damit sie von Anfang an lernen, dass jeder Lehrer im Außen immer nur der zweitbeste Lehrer ist (auch wenn er Mama oder Papa heißt) und dass der wahre, höchste Lehrer in ihnen drinnen sitzt.

d) Damit fühlbar wird für sie, dass »Liebe« kein romantisches Geschwätz ist, sondern eine universelle Kraft, die sie nutzen können!

Übungen, Rituale und praktische Umsetzungen

Trinkfläschchen und Wassergläser selber energetisieren

Was ein modernes Lichtkind ist, das energetisiert sich sein Trinkwasser selbst. Natürlich auch Tee oder Saft, wobei es sicherlich gut ist, wenn die Kinder früh lernen viel reines Wasser zu trinken, um später nicht hart trainieren zu müssen, um von Cola und Limonade wieder wegzukommen, weil sie hoffnungslos übersäuert und übersät mit Pickeln sind. Näheres dazu siehe unter »Wassertipps« im Anhang.

Kinder gucken gerne schöne Bilder an und verstehen Dinge sicherlich besser, wenn man sie visuell untermalen kann. Ich habe meinen beiden Kindern daher »Die Botschaft des Wassers« von Emoto gezeigt und ihnen zwei Kinderbecher mit Wasser dazu vor die Nase gestellt. In beiden war reines Leitungswasser.

Emoto, so wie auch Prof. B. H. Kröplin und Prof. Antonov (aus Sofia) oder Dr. Lee Lorenzen erforschen unabhängig voneinander Kristallstrukturen von Wasser und sie alle kommen zu dem Ergebnis, dass Wasser Informationen und Energie speichern kann und dass es auf geistige und emotionale Prozesse reagiert. Die Schulwissenschaft hält das für Unsinn, aber die hat schon einiges zuerst für unsinnig erklärt, was sich später als richtig herausgestellt hat. Lassen wir uns also davon nicht weiter stören.

Klebt man, laut Emoto, beispielsweise Zettel mit positiven Begriffen wie »Liebe und Dankbarkeit« auf das Wassergefäß, bildet das Wasser wunderschöne Kristalle. Lässt man es dagegen so, wie es in vielen Städten aus der Leitung kommt, dann bildet es gar keine Kristalle, sondern eher destruktiv wirkende Muster. Dieses Phänomen veranschaulicht der oben erwähnte Bildband von Emoto anhand von sehr vielen Fotos von unterschiedlichsten Wasserproben.

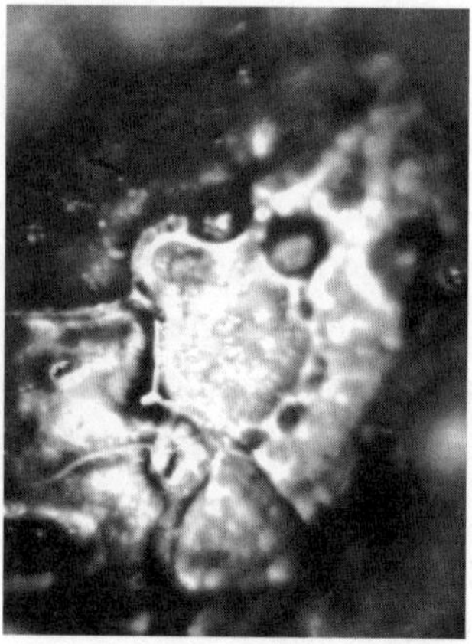

vor dem Gebet

nach dem Gebet

Das sind zwei schön eindrückliche Bilder für Kinder zum Erklären. »Schaut, so sieht Wasser aus, wenn es gesund ist und man Tropfen davon unter dem Mikroskop anschaut«, habe ich die schönen Kristalle meinen Kindern erklärt. Dass die mit zwei Jahren keine Ahnung haben, was ein Mikroskop ist, stört nicht. Es sieht halt so aus und fertig. Wenn sie schon größer sind und nachfragen, kann man ja erklären, dass man das so sieht, wenn man in die allerkleinsten Teilchen des Wassers hineinschaut und das geht mit einem Mikroskop.

»Und so sieht das Leitungswasser oft aus.« Ein kurzer Blick auf die destruktiv wirkenden Strukturen folgte. »Ziemlich hässlich, oder?« »Bäh!« Zustimmend wurde mit dem Kopf genickt. »Und so sieht das Wasser wieder aus, wenn man ihm ganz viel Liebe schickt.« Dazu zeigte ich wieder auf das schöne Kristallbild und auf weitere Beispiele im Bildband von Emoto.

Emoto hat dem Wasser übrigens auch Musik aus unterschiedlichen Musikrichtungen vorgespielt und auch auf diese hat es reagiert. Ein

Detail, das größere Kinder auch sehr interessiert. Man kann dazu einige Wassergläser mit Heavy Metal und andere mit Beethoven laut bespielen und anschließend testen, ob das Wasser unterschiedlich schmeckt. Wobei laut den Forschungen von Kröplin, Emoto und Antonov das Wasser seine Kristallstruktur wieder verliert, wenn ein Skeptiker denkt, dass es nicht sein kann, dass das Wasser Kristalle bildet und danach besser schmeckt. Gute Heiler allerdings, die das Wasser mit Energie aufladen, geben ihm damit eine sehr stabile Struktur, die nicht gleich der erstbeste Skeptiker wieder umpusten kann.

Meine kleinen Kinder jedenfalls quietschten genussvoll, als sie wieder die schönen Kristallbilder sahen und machten »Ei-ei« bei den Bildern (streichelten sie).

»Soll unser Wasser hier in den Kinderbechern auch so aussehen?«

»Jaaa!« Die Zwillinge waren sich einig, so und nicht anders soll es aussehen.

»Dann malen wir dem Wasser jetzt einen

schönen Untersetzer und stellen die Becher da drauf.« Dazu ist es natürlich gut, wenn die Becher oder Gläser, die man verwendet durchsichtig sind, damit die Kinder sich davon überzeugen können, dass das Wasser den Untersetzer auch sehen kann. Ob das Wasser es wirklich sehen muss oder ob ihm die Absicht und die Schwingung reichen, weiß ich ehrlich gesagt nicht, aber ich vermute letzteres.

Ich hatte verschieden geformte Untersetzer aus hellem Karton ausgeschnitten und wir malten und schrieben eifrig auf jeweils einen:

- Liebe und Dankbarkeit (das soll die Kombination mit der höchsten Schwingung sein, laut Emoto)
- Liebevolle Freundschaften
- Inneres Licht
- Gesundheit
- Glück
- Freude

Man kann jeden Begriff aufschreiben, dessen Schwingung man gerne im Trinkwasser hätte, der Phantasie sind keine Grenzen gesetzt.

Ich schrieb die Worte drauf und malte jeweils ein Symbol dazu, das mir gerade einfiel und die Kinder durften das Ganze dann bunt anmalen. Das heißt, in ihrem Alter war es zwar mehr ein bunt Überkritzeln, aber Hautsache sie haben mitgemacht.

Auf diese Untersetzer haben wir die Wasserbecher gestellt und ich habe noch die Hände über das Wasser gehalten und laut gesagt, welche Energie ich ihm schicke, beispielsweise Liebe und Dankbarkeit.

Die ersten Male haben meine Kinder immer nur zugeschaut, aber nun machen sie manchmal auch mit. Und sie suchen sich jeweils ihre

Untersetzer selbst aus, auf denen das Wasser dann für ein bis zwei Minuten stehen soll, bevor sie es trinken. Aus den ein bis zwei Minuten werden zwar manchmal auch nur ein bis zwei Sekunden, aber das variiert. Den Vorgang als solchen haben sie jedenfalls verstanden und darum geht es, dass solche Dinge zum normalen Leben gehören und die Kinder nicht später auf Seminare rennen müssen, um erst zu erfahren, dass Wasser überhaupt Informationen speichern kann.

Um diese Übung, die mir besonders gut gefällt, leicht übernehmen zu können und für besonders viel Freude daran für die Kinder, hat der Illustrator Stefan Stutz liebevolle kleine Wassergeister erfunden, mit denen wir jeweils Kontakt aufnehmen und denen wir sagen können, welche Energie wir gerade gerne im Wasser hätten.

Mit diesen Wassergeistern hat er einige Untersetzer vorgemalt, zum Rauskopieren und Ausschneiden. Sie sind auch als Anregung zum selber Malen von eigenen Untersetzern gedacht. Kopiervorlagen siehe Seite 189.

Wer es gerne besonders edel hätte, der kann die Untersetzer auch im Copyshop in Folie einschweißen lassen oder mit durchsichtiger Klebefolie aus dem Schreibwarenladen von beiden Seiten versiegeln, dann sind sie wasserfest.

Oder man kauft das Kartenset in koloriert und wasserabweisend bereits fertig, siehe Info nach dem Anhang.

Der Illustrator Stefan Stutz hatte uns jedenfalls einen eingeschweißten und kolorierten Probesatz geschickt und meine Kinder waren entzückt. Ohne dass ich etwas gesagt hätte, spielten sie ein neues Spiel: Ein Wasserfläschchen wurde für jeweils zirka zwei Minuten auf einen Untersetzer gestellt und dann testeten sie, wie es schmeckte. Dann kam der nächste Untersetzer und die Kinder testen wieder, wie es schmeckte. Amos fand, All-Einheit schmecke am besten und Jola fand Lebensfreude am schmackhaftesten.

Nachdem ich eine Weile zugesehen hatte, wurde ich neugierig und nahm mir auch ein Wasserglas. Nun wollte ich es wissen: Schmeckt wirklich All-Einheit anders als Gesundheit oder Lebensfreude?

Dass unterschiedliche Begriffe unterschiedliche Kristalle bilden, das hat Emoto ausprobiert. Liebe und Dankbarkeit bilden immer einen ähnlich aussehenden Kristall, egal ob man die Begriffe in Englisch oder Japanisch auf das Wasserglas schreibt. Der Begriff Gesundheit, ebenfalls ein positiver Begriff, bildet dagegen anders geformte Kristalle. Kann es sein, dass man diesen Unterschied wirklich schmeckt?

Ich stellte mein Glas nun auch nacheinander auf eine Reihe von Untersetzern und machte den Geschmackstest. Hhhm, entweder das Spiel regt einfach die Phantasie an, so dass man sich unterschiedliche Geschmacksnoten einbildet oder aber es regt die Feinwahrnehmung an und es ist wirklich möglich, unterschiedliche Energien herauszuschmecken. Jedenfalls schmeckte mir Liebe und Dankbarkeit am besten und es schmeckte gaaaanz anders als All-Einheit. Letztere schien mir irgendwie ätherisch zu schmecken, während Gesundheit sehr irdisch und klar schmeckte...

Was mit Wasser und Getränken aller Art funktioniert, funktioniert natürlich auch mit dem Essen. Auch dem Essen kann man gute Energie schicken oder »gute Geister« mit einladen, damit das Essen besser verdaut und immer gut vertragen wird.

Selbstheilung durch bildhafte Regenerierung des Zellwassers

Eine Leserin, Irmgard, schrieb mir einmal: »Hallo Bärbel, du hast uns bei einem Vortrag erklärt, dass der Mensch zu 70 Prozent aus Wasser besteht, dass Masaru Emoto in Versuchen plausibel gezeigt hat, dass Wasser Informationen speichern kann und dass die Qualität des Wassers nachhaltig verbesserungsfähig ist. Ich habe daher beschlossen, die Probe aufs Exempel mit dem Wasser in meinen Körperzellen zu machen.

Ich erstellte eine Liste mit guten und wünschenswerten Eigenschaften, schrieb diese auf Klebeetiketten und klebte mir alle auf den Bauch. Ich sah aus wie ein geschmückter Christbaum.

Ich ging davon aus, dass wenn ich mich selbst etikettiere, sich meine Millionen von Zellen entsprechend verändern. Das Einzige, was mir nicht klar war, ob ich nun – nach Emoto – die Nacht im Gefrierschrank zubringen müsste um Erfolg zu haben (Anm.: Emoto gefriert Wassertropfen und betrachtet dann die höchste Erhebung davon unter dem Mikroskop). Ich verzichtete dann auf die Abkühlung. Nach einem unglaublich tiefen Schlaf erwachte ich am Morgen sehr frohgemut. Nur die Zettel hinterließen auf der Haut, vermutlich vom Leim, viele rote Spuren. Im Fitnessclub fragten die Frauen mich, was für einen komischen Ausschlag mit rechteckigem Muster ich denn hätte. Ähem, na ja…

Am zweiten Tag versuchte ich bescheidener zu sein und bat nur um einen schönen Traum, schrieb meinen Wunsch aber mit einem Schminkstift direkt auf die Haut. Obwohl ich Monate nicht geträumt habe, träumte ich in dieser Nacht tatsächlich prima. Es ist also was dran an der Möglichkeit der Information des Zellwassers. Ich kann nur jeden zum Mitexperimentieren einladen!«

Das ist natürlich ein ziemlich vogelwilder Selbstversuch. Aber erzähl das mal deinen Kindern. Womöglich haben sie so einen Spaß daran, wenn sie sich selbst mit Körpermalfarben oder Kinderschminkstiften (ab sofort immer vorrätig haben ☺) auf den ganzen Körper schreiben, was sie haben möchten: »Gesundheit, Reinigung aller Zellen, Heilung, Heil Sein, Frieden, inneres Licht, Liebe« und was immer ihnen sonst so einfällt, dass sie schon allein vom Kichern und Giggeln gesunden werden.

Mit größeren Kindern kann man auch Stoffmalfarben nehmen und Stoffreste bemalen oder beschriften. Im Bedarfsfall kann das Kind sich ein solches Gesundheitspflaster über Nacht mit einem sanften Pflaster dort auf den Körper kleben, wo es möchte.

Wir haben inzwischen aus dem Buch von Emoto ein paar eindrucksvolle Kristallbilder herauskopiert und auch ein Bild von schlechtem Wasser und haben es in der Küche aufgehängt. Das interessiert auch alle Kinder, die zu Besuch kommen, und wir können ihnen, wenn sie möchten, leicht erklären, dass der Körper überwiegend aus Wasser besteht und dass gesundes Zellwasser auch schöne Kristalle bildet, und wie man das Zellwasser dabei unterstützen kann.

Wenn man dann noch die Geschichte vom Hühnerherz dazu erzählt, ziehen sie sich gleich die Ärmel hoch oder legen den Bauch frei und wollen losmalen.

Welche Geschichte vom Hühnerherz?

1912 erhielt Alexis Carell den Nobelpreis für Medizin dafür, dass er herausfand, dass ein Hühnerherz unsterblich ist, wenn man es im Labor mit einer optimalen Nährflüssigkeit versorgt und täglich zweimal alle Stoffwechselabfälle aus den Zellen abtransportiert. Es bleibt dann unbegrenzt jugendlich frisch wie bei einem jungen Huhn. Normalerweise leben freilaufende Hühner fünf bis sieben Jahre lang. Carells Hühnerherz verstarb nach 29 Jahren, als ein Mitarbeiter vergaß, über Nacht die künstliche Niere zum Abtransport der Stoffwechselabfälle einzuschalten.

Wo ist da die Verbindung zu Emoto?
Ganz einfach: Wenn das Wasser eine schlechte Energie hat, verschmutzt es schneller, ein hochenergetisches dagegen, kann sich selbst reinigen. Emoto hatte zusammen mit Dr. Shioya (der Mann ist über 100 Jahre alt, siehe »Der Jungbrunnen des Dr. Shioya«) und einer Gruppe von Menschen an einem See, der völlig verschmutzt und bereits umgekippt war, meditiert. Das Ergebnis war, dass das Wasser anfing, wieder Kristalle zu bilden (die Bilder vorher zeigten natürlich völlige Strukturlosigkeit), und dass der See wieder klar wurde. Die lokale Presse meldete hocherfreut, dass diesen Sommer erstmals seit langem der See nicht stinken würde.

Was eine kleine Gruppe von Menschen bei einem See erreichen kann, das können wir in der Familie oder mit Freunden auch mit unserem Zellwasser: Es zur schönsten Kristallbildung und damit zur Selbstreinigung anregen!

Kleine Kinder mögen gerne bunte Pflaster mit netten Figuren drauf. Warum im Falle der Krankheit nicht auch ein, für die Heilung des Zellwassers bemaltes Pflaster dahin kleben, wo das Kind es über Nacht gerne haben mag? Oder auch Stefans Untersetzer auf den Bauch kleben (mit Pflaster)?

Kinder schlafen sowieso besonders gut mit schönen Bildern, die ihnen kurz vor dem Einschlafen gegeben werden. Sei das nun durch Bücher oder durch ein auf den Bauch geklebtes oder gemaltes Bild oder Wort zum Thema Gesundheit. Das Kind fühlt sich beachtet und umsorgt und gewinnt schon allein dadurch an Kraft. Und das Zellwasser wird in optimaler Weise zur gesunden Kristallbildung angeregt. Probier es aus. Auch an dir selbst, so wie obige Leserin zum Beispiel.

Eine weitere Möglichkeit ist die, gemeinsam mit dem Kind einen Heiltrunk zu basteln. Dazu Wasser oder einen passenden Kräutertee auf einen Untersetzer stellen und dann zum Beispiel für das Wasser singen oder summen, die Hände über das Glas halten oder eine Hand (am besten die linke) gen Himmel halten und um Energie bitten und die andere Hand über das Wasser halten.

Dieses Wasser trinkt das Kind dann zum Einschlafen. Einen Teil davon kann man auch abgießen und einen feuchten Wadenwickel damit machen oder damit den Körper ganz oder stellenweise einreiben.

Auf jeden Fall tut zumindest das Umsorgt werden dem Kind gut.

Im besten Fall, wenn Masaru Emoto und andere mit ihren alternativen Wasserstudien Recht haben, beeinflussen Geist und Emotionen alles in der Nähe befindliche Wasser und somit auch das Zellwasser. Lenkt man nun auch noch gezielt seine Absicht darauf, so wirken Einreibungen mit gesundem Wasser (mit guter Strukturbildung) wie eine Art Ritual, bei dem die Information des hochschwingenden Wassers auch auf das Zellwasser des ganzen Körpers übergehen kann.

Vor Jahren habe ich einmal mit einem Arzt zusammengearbeitet, mit dem ich viele Selbstversuche in dieser Richtung unternommen habe. Wir haben alles Mögliche ausprobiert: Fingermassagen, wenn mir gar nichts fehlte, Lymphdrainage an den Unterschenkeln bei Bronchitis und viele ähnliche, scheinbar unzusammenhängende Dinge und haben die Körperenergie jeweils vorher und nachher gemessen (mit Bioresonanz und RAC).

Das Ergebnis war immer, dass positive Aufmerksamkeit und positive Handlungen die gesamte Körperenergie stärkten. Laut Emoto auch das Zellwasser, doch egal auf welchen Ebenen dies alles wirkt, es verbessert die Lage immer.

Im Moment halten meine Kinder »Zien« (»Medizin« können sie noch nicht richtig sagen) für eine Art Leckerli. Zum einen, weil Globuli so schön süß schmecken, zum anderen, weil bei uns meist ein angenehmes Ritual damit verbunden ist. Da bekommt man etwas Schönes, also her damit ☺. Da schreit man auch schon mal nach »Zien« und »Pflaster kleben«, wenn nur die Puppe sich den Kopf gestoßen hat ☺☺.

Hier kommt gleich die nächste Möglichkeit, energetische Selbstheilung und Naturheilkunde ganz natürlich in den Alltag einfließen zu lassen:

Stöße, Schürfungen und kleine Wunden ziehen sich Kinder immer wieder einmal zu, beim Laufen lernen, Spielen und so weiter.

Wie wäre es mit einer Spezialmedizin für solche Fälle?!

Wir züchten Spitzwegerich nach der Methode des »Spirituellen Gärtnerns« (siehe folgendes Kapitel) im Garten oder auf der Fensterbank (klappt leider nur im Sommer, außer du bist besser im Fensterbankgärtnern als ich, mein Spitzwegerich macht im Winter immer schlapp) und haben ein helles, nur sanft klebendes Pflaster-Klebeband im Haushalt.

Zerreibt man ein Spitzwegerichblatt zwischen den Fingern, so dauert es zwar eine ganze Weile, aber irgendwann kommt ein grüner Saft aus dem Blatt. Dieser hilft zum einen ganz hervorragend bei Mücken- und Bienenstichen. Das Jucken verschwindet sofort und wenn man schnell genug nach dem Stich den Saft aufstreicht (bis 15 Minuten nach dem Stich), verschwindet oft auch die ganze Schwellung wieder.

Spitzwegerichsaft fördert aber auch die Heilung von Wunden (insofern ist die Fensterbrettzüchtung nicht schlecht, da hat sicher keine Nachbarskatze darauf gemacht). Oft mögen Kinder keine Mittelchen auf die Haut geschmiert bekommen. Aber wenn sie das Mittelchen selbst gezüchtet haben, sieht es möglicherweise doch anders aus.

Darüber kann man, sofern man das möchte, z.B. Creme zum Desinfizieren geben und das Ganze mit Pflaster und einem Stück Leukosilk, auf das man ganz viele Heilungsengel gemalt hat, überkleben.

Anschließend kann man noch die Hand darüber

halten und dem Kind erzählen, dass man jetzt alle schlechte Energie rauszieht (natürlich auch machen, in Gedanken) und sie ins Licht oder zur Sonne schickt. Und lauter Heilengelchen kann man ebenfalls einladen, damit es schneller wieder gut wird.

Skeptiker werden zwar zugeben, dass so etwas hilft, es jedoch rein auf den Placebo-Effekt zurückführen. Mit der Kraft von Placebos wurde ich zum ersten Mal im Alter von etwa zwölf Jahren bekannt gemacht. Damals arbeitete meine Mutter in der Deutschen Klinik für Diagnostik in der Verwaltung. Ich bekam Warzen am Fuß und sie schickte mich zum dortigen Professor für Hautprobleme. Er sah sich meine fünf Warzen am Fuß an und sagte allen Ernstes: »Tja, leider bist du schon ein bisschen zu alt, um einfach bunte Pflaster drauf zu kleben. Wenn ich nämlich kleinen Kindern erzähle, dass das bunte Pflaster die Warzen über Nacht wegmacht, dann sind sie am nächsten Morgen tatsächlich weg. Aber eben, leider, leider, du bist zu groß dafür. Wir müssen die Warzen deshalb raus schneiden.«

Mit zwölf Jahren hatte ich bis dahin nicht den blassesten Schimmer von der Existenz von Gedankenkraft in irgendeiner Form gehabt. Nun saß ich da und traute meinen Ohren nicht. Konnte die größte Kapazität der Hautmedizin in der ganzen Stadt mir allen Ernstes erzählen, die Gedanken von kleinen Kindern wären so stark, dass allein ihr Glaube die Warzen entfernen könnte? Das schien mir unfasslich.

Meine Warzen wurden also operiert. Die Aufmerksamkeit und das ganze Tamtam um sie bekamen ihnen gut und sie wuchsen und gediehen weiterhin hervorragend. Schließlich hatte ich über zwanzig davon an den Füßen.

Mir gingen die Worte des Professors durch den Kopf, während ich eines Tages auf dem Badewannenrand saß und meine über zwanzig Warzen ansah: »Bunte Pflaster und der Glaube können sie entfernen.« Aber je mehr Beachtung man ihnen schenkt, desto schneller wachsen sie offenbar. »Na wartet«, dachte ich mir. »Ich bin zwar kein kleines Kind mehr, aber ich beschließe jetzt, dass ich das trotzdem auch kann. Ich gucke euch jetzt ein halbes Jahr lang nicht mehr an (das war ja kein Problem an der Fußsohle) und danach seid ihr alle verschwunden.«

Gesagt, getan, und als ich ein halbes Jahr später wieder auf dem Badewannenrand saß und mit vor Aufregung klopfendem Herzen langsam meine Füße umdrehte, um auf die Sohle zu schauen, fing ich kurz darauf zu jubilieren an. Hurra, ich hatte es geschafft. Ich konnte es doch noch – das, was die kleinen Kinder offenbar alle noch können: Nämlich Warzen mit meinen Gedanken entfernen! Alle Warzen waren verschwunden.

Lassen wir unsere Kinder doch entdecken, wie viele Selbstheilungskräfte in ihnen stecken! Spielerisch natürlich und ohne Druck. Sonst erreicht man nur das Gegenteil. Heilung hat etwas mit Liebe zu tun und Liebe ist das Gegenteil von Druck.

Das eine Mal mag es daher wunderbar funktionieren, ein andermal nicht, dann braucht man zusätzliche Hilfen. Begleiten kann man dennoch jeden Prozess mit Selbstheilungsspielen, selbst wenn an manchen Tagen zunächst nur die Seele und weniger schnell der Körper darauf reagieren mögen. Es ist schließlich noch kein Meister vom Himmel gefallen.

EFT ist die Abkürzung für »Emotional Freedom Techniques«, dabei geht es darum, mit einfachen Klopfübungen ein energetisches Gleichgewicht in den Meridianen herzustellen und so Körper und Geist in Einklang zu bringen.

Genaue Infos findet man unter www.emotional-freedom.de oder in dem Buch »EFT – Emotionale Freiheit« von Ramona B. Wagner.

Mit Kindern kann man aber ruhig auch frei experimentieren, indem man »Entspannungsklopfen« spielt. Ähnliches gibt es nämlich bei verschiedenen Chi-Gong-Techniken oder bei dynamischen Meditationen.

Erst kann man zu fetziger (nicht zu lauter) Musik ein bis zwei Lieder lang mit den Kindern tanzen. Das lockert den Körper und aufgestaute Energien. Danach setzt man sich zum Entspannungsklopfen hin, um die Energie in den Meridianen sanft in Fluss zu bringen. Das kann man Kindern durchaus so erklären und älteren Kindern bei Interesse die genaue Technik, wie in dem Buch beschrieben, beibringen.

Beim einfachen Entspannungsklopfen setzt man sich nach dem Tanzen oder selbstausgedachten Bewegungsübungen hin, nimmt Ring- und Mittelfinger einer Hand zusammen und klopft damit sanft überall am Körper, wo der Körper das gerne möchte. Man kann am Kopf anfangen und sich langsam nach unten klopfen. Oder umgekehrt oder kunterbunt. Es geht darum, dass das Kind mit der Idee von Energieflüssen im Körper vertraut wird. Damit, dass es diese selbst zum Fließen bringen kann und dass es lernt auf sein Körpergefühl zu achten. An welcher Körperstelle fühlt sich das sanfte Klopfen jetzt in diesem Moment gut an? An dieser Stelle klopfe ich weiter. Wenn ich eine Stelle erwische, die sich nicht so toll anfühlt, suche ich eine andere. Das Körpergefühl und auch die Selbstliebe werden auf spielerische Weise gestärkt.

Selbstheilungsspiele kurz formuliert:

- Vogelwild, aber lustig: Dem Zellwasser schöne Kristallstrukturen geben, indem wir oder das Kind selbst seinen Körper mit Körperfarben oder Schminkfarben bemalt, und zwar entweder mit Wörtern wie: »Gesundheit, Reinigung aller Zellen, Heilung, Heil sein, Frieden, inneres Licht, Liebe« oder mit Bildern und Symbolen, die dies ausdrücken.
- Auch Stefans Wasserenergetisierungs-Untersetzer sind für die Heilung geeignet. Einfach mit Pflaster auf den Bauch kleben. Oder auf Stoff aufmalen und den um betroffene Körperstellen binden.
- Heilwasser selbst herstellen: Untersetzer unter das Glas und mit den Händen Energie ins Wasser schicken. Heilungsenergien hörbar dazu herbeirufen. Heilungslieder für das Wasser singen oder summen. Dieses Wasser (oder einen passenden Kräutertee) vor dem Einschlafen trinken und/oder betroffene Körperstellen damit einreiben, feuchte Umschläge machen etc.
- Bunte Pflaster, selbst hergestellt, eignen sich

auch für die schnellere Heilung von Schürfwunden. Selbst züchten kann man Spitzwegerich, eine Wundheilpflanze, die auch bei Mückenstichen hervorragend hilft.

- Erzähl deinem Kind Geschichten von den alten Indianern, die erst jede Pflanze gefragt haben, bevor sie sie gepflückt haben. Ein Einbaum (Boot), der aus einem Baum geschnitzt wurde, der vorher gefragt wurde, ob er sich für diesen Zweck opfern möchte, hält laut Indianerberichten bis zu hundertmal länger als ein Baum, den man zufällig auswählt und abholzt! Ihr könnt gemeinsam den Spitzwegerich fragen, welches Blatt er für die Heilung hergeben mag und dann dieses pflücken. Das stärkt auch das Feingefühl der Kinder.
- Hände auflegen und Heilenergie schicken. Eine Hand in den Himmel halten (am besten die linke) zum Energie holen, die andere über die betroffene Stelle halten und Energie schicken.
- Das Kind selbst beide Hände in den Himmel strecken lassen zum Energie holen.
- Selbst oder mit dem Kind zusammen etwas

ausdenken: Beispielsweise kann das Kind für sich selbst, oder mehrere Kinder gemeinsam für ein krankes Kind, Heilungsbilder malen und diese können über dem Bett des Kindes aufgehängt werden.

- Entspannungsklopfen: Mit Ring- und Mittelfinger kann man alle Körperstellen, die das gerade brauchen, am eigenen Körper leicht klopfen. Das stärkt das Körpergefühl und regt den Energiefluss im Körper an.

Spirituelles Gärtnern

Wir sind immer noch nicht ganz fertig mit unseren Wasserspielen. Denn wenn es unserem Trinkwasser und dem Zellwasser unseres Körpers so gut bekommt, wenn wir nett zu ihm sind, dann müsste es doch eigentlich auch den Pflanzen gut bekommen, wenn wir sie mit besonders gutem Wasser gießen.

Auch dies kann man testen und regelmäßig spielerisch anwenden. Wir können uns kleine Töpfchen fürs Fensterbrett besorgen und abwechselnd alles Mögliche darin säen: Kresse,

Radieschensamen, Tomaten, Weizengras etc. Die Töpfe werden markiert. Auf den einen kleben wir ein Herz, eine Sonne oder sonstige positive Symbole. Auf den zweiten Topf kleben wir nichts.

Der Herztopf wird mit vorher energetisiertem Wasser gegossen. Das Wasser stand also wieder auf unseren Untersetzern, die Kinder haben ihm Liebe geschickt oder mit den Händen Energie aus dem Universum für das Wasser geholt, je nachdem wozu die Kinder am meisten Lust haben.

Es kann auch Spaß machen, einen energetischen Goldregen auf das Wasserglas regnen zu lassen. Das geht so: Man streckt beide Hände zum Himmel mit den Handflächen nach vorne. Dann wackelt man ganz schnell mit allen Fingern, während man die Hände absenkt und sagt: »Möge die Energie der Liebe, des Himmels, …, …, in dich hineinregen wie ein energetischer Goldregen und ein besonderer Segen.«

Fingerwackeln ist lustig. Ein paar Mal vormachen – und auch die ganz Kleinen werden beginnen, es von ganz alleine nachzumachen.

Zusätzlich kann man jeden Morgen die Pflanze/ die Samen mit dem Herzaufkleber liebevoll begrüßen und ein paar Worte mit ihr reden. Genauso kann man ihr abends eine gute Nacht wünschen. Lass deine Kinder ausprobieren, ob die Pflanzen besser wachsen, wenn sie Liebe und Aufmerksamkeit bekommen. Vielleicht ist das Ergebnis bei manchen Pflanzen deutlicher sichtbar als bei anderen.

Die Kinder können in einem zweiten Experiment (mit neuen Pflanzen) der Herzpflanze harmonische Musik (Klassik z.B.) vorspielen und der Vergleichspflanze unharmonische Musik. Täglich einmal sollte genügen und dann abwarten, was passiert.

Emoto berichtet von einem Experiment, bei dem Kinder gekochten Reis in zwei Gläser mit Schraubverschluss gefüllt haben. Auf das eine Glas kam der Aufkleber »Danke« und auf das andere Glas der Aufkleber »Dummkopf«. Außerdem sollten Kinder sich jeden Morgen bei dem Danke-Glas bedanken und liebevoll mit ihm sprechen und das andere Glas wurde nur mit »Dummkopf« beschimpft.

Tatsächlich schimmelte der Reis im »Dummkopf-Glas« und fing an zu stinken und im »Danke-Glas« fermentierte er und roch angenehm süßlich.

Offenbar können die Mikroben sich entweder zu Gruppen gutmütiger oder nachteiliger Bakterien zusammenschließen, je nachdem, welche Energie man ihnen schickt. (Die Abbildung auf Seite 88 im Buch »Die Botschaft des Wassers« von M. Emoto zeigt das Experiment.)

Auf einer Wanderausstellung des Schweizer Arbeitskreises Lebensenergie wurde ein Messgerät an einen Mimosenbaum angeschlossen. Das Gerät zeigte in zwei gleichmäßigen Linien die

Schwingung des Bäumchens an. Wurde jedoch ein Handy eingeschaltet, flippte die Anzeige auf dem Messgerät völlig aus. Hunderte von chaotisch durcheinander schwingenden Linien ergaben schließlich einen dicken nebligen Streifen auf der Anzeige, der sich auch nach Ausschalten des Handys erst nach einigen Sekunden langsam wieder abbaute.

Im menschlichen Körper sieht das natürlich keineswegs besser aus. Wenn Kinder früh »handysüchtig« werden, ist das daher nicht nur teuer, sondern auch ungesund. Lass dein Kind es selbst ertesten. Wenn ihr schon einige Erfahrungen mit Pflanzen gesammelt habt und wisst, welche Pflanzen bei euch die am deutlichsten sichtbaren Resultate zeigen, dann lasst beim nächsten Mal neben der einen Pflanze, möglichst nah am Topf, für mehrere Stunden am Tag ein eingeschaltetes Handy liegen. Die andere Pflanze sollte mindestens fünf Meter weit davon entfernt sein, sonst trifft sie die Strahlung genauso.

Wenn die Kinder früh erleben, wie unbekömmlich das für Pflanzen ist, werden sie später eher Hemmungen entwickeln, viel und unnötig mit diesen Dingern herumzutelefonieren.

Je kleiner die Kinder sind, desto weniger sinnvoll sind übrigens verbale Einladungen etwas mitzumachen. Vormachen ist das Beste. Kleine Kinder wollen auch groß sein und wollen von alleine alles machen. Und das werden sie bald tun, so wie sie können und sofern sie etwas von selbst anspricht.

Der Papa von Julia (2,5 Jahre) zum Beispiel fühlt gerne die unterschiedlichen Energien von Pflanzen, wenn er durch den Wald geht. Wie fühlt sich ein Baum an? Wie fühlt sich der nächste Baum an? Wie der Strauch und wie das Unkraut?

Tochter Julia hat lange nur zugeschaut, aber nun steht sie gelegentlich auch neben einer Pflanze, hält die Hand darüber und hat einen superkonzentrierten Gesichtsausdruck dazu. Klein Julia scannt die Pflanze!

Wenn sie das öfter macht, wird sie früher oder später ebenfalls von ganz alleine beginnen, erste Unterschiede wahrzunehmen.

Das wiederum kann ihr im Leben helfen eine gute Menschenkenntnis zu entwickeln und schnell das zwischen den Zeilen Gesagte zu erspüren. Unsichtbares und Ungesagtes fühlt nur der, der das »in die Stille Hineinspüren« schon auf irgendeiner Ebene geübt hat.

Spirituelles Gärtnern, kurz formuliert:

- Gemeinsam mit den Kindern Pflanzen mit selbst energetisiertem Wasser gießen. Testen, ob diese Pflanzen, mit denen man auch zusätzlich jeden Tag freundlich sprechen kann, besser wachsen als Vergleichspflanzen, die mit Leitungswasser gegossen und links liegen gelassen werden. Das entsprechende Experiment kann man mit unterschiedlicher Musikbeschallung machen.

- Gekochten Reis in zwei Gläser mit Schraubverschluss füllen, und ein Glas mit »Dummkopf«, eins mit »Danke« beschriften und einen Monat lang mit den Gläsern entsprechend nett oder unfreundlich sprechen. Beobachtet, ob auch bei euch der eine Reis verschimmelt und der andere fermentiert.
- Bei Spaziergängen in der Natur können die Erwachsenen üben, die unterschiedliche Ausstrahlung und Energie verschiedener Pflanzen zu spüren. Kindern bitte nichts aufschwatzen dabei, sondern sie nachmachen lassen, wann und wie sie wollen. Vielleicht probieren sie es ja auch lieber unbeobachtet, wenn die Eltern mal nicht da sind...

Erdheilungs-Kinderkunst

Wie man unschwer erkennen kann, gehen wir mit der Natur des Planeten alles andere als sehr pfleglich um. Wir holzen die Wälder ab, vergiften Wasser, Luft und Erde und ruinieren unseren eigenen Lebensraum.

Bei einem Menschen, der psychisch und energetisch geschwächt oder unter Dauerstress ist, sind als Erstes Stoffwechsel und Immunsystem betroffen und das führt zu Krankheiten. Ändert der Mensch seine innere Einstellung und stärkt Stoffwechsel und Energiehaushalt, so verschwindet oft ein Großteil der diversen Zipperleins, die man so mit sich herumschleppt.

Was, wenn es bei Mutter Erde ganz genauso geht? Wenn es, wie Emoto gezeigt hat, echte Wirkungen hat, wenn wir uns gemeinsam an umgekippte Seen stellen und für sie meditieren. Wenn dadurch die Selbstheilungskräfte des Wassers aktiviert werden können, warum sollten wir nicht auch die Energie der Erde anregen können, ihre Selbstheilungskräfte zu entfalten? Vielleicht ist dies, zusätzlich zum Umdenken im Umgang mit der Natur, eine weitere Möglichkeit die Natur wieder zu stärken.

Auf Wassergläser klebt Emoto Zettel mit Wörtern wie »Liebe und Dankbarkeit«. Warum schreiben wir das nicht auch in Großbuchstaben oder schönen Symbolen auf die Erde selbst?

Und hier kam mir die Idee zur Erdheilungskunst an sich und im Zusammenhang mit diesem Buch zur Erdheilungs-Kinderkunst!

Die Möglichkeiten sind unendlich und jeder kann sie mit Freunden oder in Kindergartengruppen selbst ausbauen und erweitern. Ganz einfach sind Steinkreise mit aus Steinen gelegten Symbolen, beispielsweise Herz und Sonne. Auch kleine Kinder können Steinchen sammeln und etwas zum Steinkreis beitragen.

Man kann Wurzeln, Moos und Rinden sammeln und ein Feenschloss bauen, mit schönen, mit Naturfarben gemalten Ornamenten auf den Rinden und Wurzeln.

Man kann kleine Natur-Altäre im Garten oder im Wald bauen.

Aus Holz lassen sich Symbole schnitzen und man kann besondere Plätze in der Natur suchen, an denen man sie aufstellt. Man kann sich mit örtlichen Steinmetzen und Schreinern oder Bildhauern unterhalten, wie man unvergängliche Kunst schafft. Die Geomanten machen ja bereits solche Kunst und stellen sie an besonderen Orten auf. Warum nicht eine eigene Kunst nach Gefühl und ganz spielerisch zusammen mit Kindern entwickeln? Botschaften für die Erde in die Erde schreiben, malen und bauen. Wie eine Art Erdakkupunktur mit positiven Botschaften.

Ich habe mal wieder unseren Allround-Zeichner Stefan Stutz gebeten, sich ein paar Schablonen auszudenken, die man ausschneiden und mit Naturwasserfarben oder reinen, weichen Kohlestiften ausmalen kann, für Naturgeister und Feen und mit Heilmotiven bemalt. Solche Elfen mit den Botschaften, die sie ausdrücken, lassen sich auf Steine und alte Rindenstücke malen und passen ausgezeichnet, um den Naturaltar damit zu dekorieren.

Vorteil der Erdheilungs-Kinderkunst:
Statt der leeren Coladosen und zerknitterten Gummibärchentüten, wie manche etwas weniger bewusste Zeitgenossen, hinterlässt man Punkte bewusster Liebe für den Planeten in der Natur. Vielleicht hilft es tatsächlich der Natur ein wenig, wenn sie bewusste und liebevolle Aufmerksamkeit besonders von Kindern bekommt. Auf jeden Fall stärkt es aber die Verbindung der Kinder zur Natur und auch ihre Wertschätzung für selbige.

Der Bund Naturschutz bietet Naturgeburtstage an. Ein Freund von mir hat einen Wochenendworkshop dort besucht und richtet nun ebenfalls Naturgeburtstage für Kinder aus.

Was wird dort gemacht? Beim Eichhörnchenspiel z.B. bekommt jedes Kind 10 Haselnüsse und muss diese für den Winter verstecken, und zwar so, dass es selbst sie einerseits leicht wieder findet, dass aber andererseits die Mäuse sie ihm nicht gleich klauen. Drei Mäusekinder zum Klauen werden ebenfalls ausgesandt zum heimlichen Gucken, wo denn die Nüsslein überall vergraben werden.

Dann wird eine Weile etwas anderes gespielt, bis im Spiel der Winter einbricht und die Eichhörnchen sich die ersten zwei Nüsse holen gehen. Spannend ist, wer noch alle Nüsslein findet und wo die Mäuse schneller waren.

Zwei Nüsslein werden absichtlich vergessen, damit es auch ganz wie in der Natur ist. Denn dort werden aus den vergessenen oder nicht wieder gefundenen Nüssen neue Haselnusssträucher.

Bei einem anderen Spiel laufen die Kinder schweigend einen kleinen Pfad entlang und versuchen sich zu merken, was von den Dingen, die dort liegen, alles nicht in den Wald gehört. Und da liegen wilde Dinge wie Schere, Schlüsselbund oder gar Tesafilm.

Nachdem am Ende des Pfades geschaut wird, wer sich wie viele Gegenstände gemerkt hat, werden diese natürlich wieder eingesammelt und dann werden die »frechen Kobolde« (z.B. Zweige, Laub, Moos) gesucht, die diese Dinge dort haben liegenlassen. Das gibt eine wilde Jagd durch den Wald, bis die Kobolde gefunden und eingesammelt werden. Kontakt siehe Anhang.

Auch immer mehr im Kommen sind Kinder-Natur-Parcours. Das sind Waldlehr- und Spielpfade für Kinder. Es gibt dort Feenschlösser mit Wunschbriefkästen, in die man seine Wünsche für die Natur einwerfen kann, oder Barfußpfade mit unterschiedlichen Untergründen (Fichtenzapfen, Steine, Moos, Holzstämme, etc., jeder Untergrund fühlt sich anders an) oder bunt angemalte Wurmlöcher in alten Baumstämmen. Auf jeden Fall gibt es immer viel zu entdecken und viele Anregungen für das, was man im Wald bei sich in der Nähe nachmachen kann.

Singspiele

Wenn man eine mit Puder bestreute Metallplatte mit einem Violinbogen bestreicht oder mit einer Stimmgabel berührt und auf diese Weise zum Schwingen bringt, so bilden sich unterschiedliche Klangfiguren im Puder. Die Form dieser Klangfiguren im Puder hängt von der Schwingungsfrequenz, das heißt von der Tonhöhe ab.

Pythagoras wird folgender Ausspruch zugeschrieben: »Wer die Gesetze des Rhythmus kennt, kann den Stoff durch den Geist regieren. Denn jeder Fels ist zu Stein gewordene Musik.«

Das versteht man noch besser, wenn man das Mandala sieht, das seit Jahrtausenden im Osten benutzt wird, um das Wort »OM« darzustellen.

Wenn man das Wort OM in einen elektronischen Transmitter spricht, erzeugen die Schallwellen – auf ähnliche Weise wie beim Puderexperiment, nur etwas differenzierter – dasselbe Muster wie das Mandala.

OM-Mandala

Das wiederum heißt nichts anderes, als dass wir auch mit unserer Stimme Einfluss nehmen auf Schwingungsfrequenzen und feinste Materiestrukturen.

Man kann mit mehreren etwas größeren Kindern daher ein Singspiel machen. Sie bekommen zunächst die Aufgabe so zu singen oder zu summen, dass es fröhlich klingt. Wenn alle fröhlich gesungen haben, kann schwermütig folgen oder ängstlich, frei, stark und kraftvoll, gefangen, liebevoll, für ein Baby, für die Oma und den Opa, etc.

Wenn das gut klappt und jeder die Unterschiede gehört hat, dann darf ein Kind sich ein Gefühl aussuchen, es aufschreiben, wenn es das schon kann, oder es der Mama ins Ohr sagen und anschließend singt es dieses Gefühl. Das kann mit einem Lied sein oder einfach nur mit »lala«, »dudeldidö«. Die anderen Kinder müssen das Gefühl erraten.

Zum Abschluss können alle Kinder sich im Kreis an den Händen halten und gemeinsam ein Lied singen oder summen für liebevolle Freundschaft, für Gesundheit oder was die Kinder sich aussuchen.

Die Gemeinschaft verstärkt den Effekt und die Energie und so lernen die Kinder auch, dass Zusammenhalt etwas Kraftvolles ist.

Es gibt von Henry Marshall eine CD mit schön gesungenen Mantren (Titel siehe Anhang) zum einfachen Mitsingen. Man kann schauen, ob die Kinder das mögen. Ohne (verständlichen) Text ist es oft leichter ein bestimmtes Gefühl nur über die Stimme auszudrücken. Andererseits fangen größere Kinder eher an rumzualbern und sich lustig zu machen, wenn sie den Text nicht verstehen und es »zu heilig« klingt.

Man kann auch einfach eine Melodie heraussuchen oder erfinden und Lala-Phantasietöne dazu singen. Auch das machen kleine Kinder gerne und größere genieren sich. Dann hilft die Vorstellung, dass sie gerade spielen, ein großer Entertainer und Illusionskünstler zu sein. Das Spiel heißt einfach: Wer kann am eindrucksvollsten, ohne sinnvolle Worte, singen und Gefühle darstellen – der bekommt einen Preis (z.B.: die anderen müssen ihm Obst klein schneiden, Tee servieren oder so, auf jeden Fall »nicht schon wieder Süßigkeiten« ☺).

Die Kraft der mütterlichen Schwingung nutzen

Auch ohne zu singen, kann man als Mutter seinem Kind ein Geschenk fürs Leben machen. Diesen Tipp habe ich aus dem Tomatis-Institut und finde ihn genial:

Man braucht irgendeinen Tonträger und ein gutes Mikrophon dazu und dann liest man seinem Kind eine besonders schöne Geschichte vor und nimmt diese auf. Das Kind kann, muss aber nicht beim Vorlesen dabei sein. Es geht auch, wenn man nur an das betreffende Kind denkt. UND: Jede Geschichte muss für jedes Kind, das man hat, extra vorgelesen werden, da der Tonfall der Stimme das persönliche Verhältnis der Mutter zum jeweiligen Kind ausdrückt und sich von Kind zu Kind leicht ändert, auch wenn die Mutter selbst den Unterschied kaum hört. Aber selbst wenn er unhörbar ist, ist er im Endprodukt für das Kind doch spürbar.

Diese CD (Kassette, MP3-Datei oder was immer) kopiert man am besten, behält eine Kopie und schenkt dem Kind das Original. Wann immer es sich einmal nicht so gut fühlen sollte und Mama ist vielleicht weit weg, weil das Kind beispielsweise 55 Jahre alt ist und die Mutter schon lange nicht mehr im selben Ort lebt, oder das Kind studiert gerade

und hat Prüfungsstress an der Uni, kann es sich diese CD einlegen und über Kopfhörer die Stimme seiner Mutter anhören, wie sie ihm als Kleinkind liebevoll eine besonders schöne Geschichte vorgelesen hat.

Je kleiner das Kind beim Vorlesen ist, desto reiner wird die Energie sein, mit der die Mutter vorliest. Wenn das Kind das dann zehn oder zwanzig Jahre später hört, wird es indirekt an seine eigene Reinheit und die Essenz seiner Seele erinnert. Außerdem wird es sich fast so getröstet und geborgen fühlen wie damals als Kleinkind, als Mama ihm noch Gute-Nacht-Geschichten vorgelesen hat.

Zum Vorlesen supergut geeignet finde ich »Ich bin das Licht« von Neale Donald Walsch. Diese Geschichte macht immer Sinn, auch wenn man sie mit 95 Jahren hört.

Meinen eigenen Kindern habe ich natürlich zusätzlich noch »Den Wunschfänger-Engel« (den ich selbst geschrieben habe) vorgelesen. Und ich kann bestätigen, dass es sich ganz anders anhört, ob ich die Geschichte meinen

Lesern allgemein vorlese, meiner Tochter oder meinem Sohn. Es war auch eine spannende Selbsterfahrung für mich als Mutter.

Energien fühlen und innere Bilder sehen

Die meisten Übungen in diesem Kapitel, außer dem letzten Spiel, sind eher für Kinder geeignet, die schon zumindest in der Vorschule sind.

Ein Spiel ist das Bücherfühlen: Man nimmt dazu ganz unterschiedliche Bücher aus dem Buchregal (Pippi Langstrumpf, ein Computerlexikon, ein Heilbuch, ein Rätselheft, etc.) und legt jeweils ein Buch in die Mitte. Es wird vorher mit einem dicken Tuch zugedeckt, so dass sicher nichts durchscheint.

Nun müssen das Kind oder die Kinder, die Hand darüber halten und beschreiben, wie sich das Buch anfühlt.

Oberste Regel: Alles ist richtig!

Ich habe das Spiel einmal mit einem Freund gemacht und habe bei einem Buch »Schamane und Bär« gespürt. Es war dann ein Computerfachbuch, was mich zunächst enttäuscht hat. Mein Freund jedoch war hell begeistert: Er würde den Autor kennen, der wäre indianischer Abstammung. Er wäre Schamane und sein Krafttier wäre der Bär. Aber Geld verdienen würde er halt hauptsächlich mit dem Computerkram.

Erzähl das den Kindern, und dass man nie wissen kann, woher ein Gedanke, ein Bild oder ein Gefühl kommen. Manchmal hat man Glück und ein Kind nimmt eine Ebene wahr, die direkt erkennbar mit dem Buch zusammenhängt. Das macht dann allen Spaß und gibt ein lautes Hallo und Hurra! Alles andere sind eben verwinkelte Ebenen oder Symbolbilder, aber alles ist richtig!

Wenn man richtiges Hellsehen üben will, geht es nämlich ganz genauso: Man muss zunächst auch alle absurden Bilder zulassen und aussprechen, sonst dringt man nie zu den klareren Bildern der gewünschten Ebene vor. Also: Phantasiebilder innerlich aufsteigen lassen ist immer eine gute Übung! Oft wird aus demjenigen mit der zunächst scheinbar ausschweifendsten Phantasie hinterher der beste Hellseher.

Sollte dennoch Leistungsdruck entstehen oder ein reines Bücherraten aus dem Spiel werden, würde ich prüfen, ob noch alle wirklich Spaß daran haben, sonst würde ich abbrechen und etwas anderes spielen.

Als wir ein paar mediale Tests bei uns zu Hause mit einer kleinen Gruppe durchgeführt haben, haben wir einige Experimente des PEAR Lab der Princeton University in New Jersey, USA, nachgestellt (allerdings sehr unprofessionell, vereinfacht und mehr mit Spielcharakter). Das PEAR Lab erforscht die mindestmedialen Begabungen von Durchschnittspersonen und man kann sich (leicht modifiziert) viele nette »Eso-Spiele« bei ihnen abgucken.

Bei uns ging es beispielsweise darum, dass eine Person würfelte und die andere Person sich darauf konzentrierte, dass der Würfel entweder nur die Zahlen 1-3 oder nur die Zahlen 4-6 zeigen sollte. Der Würfelnde selbst machte jeweils einen Strich auf der Liste, ob eine Zahl aus den niedrigen oder aus den hohen Zahlen gekommen war. Gewürfelt wurde jeweils hundert Mal, dann war der andere dran. Derjenige, der gerade »Medium« war, konzentrierte sich nur und sah vor dem inneren Auge, dass der Würfel entweder viele oder wenig Augen anzeigte.

Danach wurde geprüft, ob es geglückt war, das Würfelergebnis mental zu beeinflussen.

Man kann den Versuch auch alleine machen. Vorher sollte man aber aufschreiben, worauf man sich konzentrieren wird, sonst beschummelt man sich womöglich selbst.

Ein Zusatzreiz kann es sein, den Test mit 12-seitigen oder 20-seitigen Würfeln durchzuführen, sie sind im Spielwarengeschäft für etwa 50 Cent erhältlich. Dann konzentriert man sich eben auf 1-10 oder auf 11-20.

Wenn man so etwas mit Kindern spielt, ist es wichtig ihnen zu sagen, dass solche Kräfte am besten wachsen, wenn man nicht damit angibt und sich, wenn es gerade besonders gut klappt, deswegen nicht besser als die anderen fühlt. Je eitler man wird und anderen die Zunge rausstreckt: »Ätsch, bei dir klappt es nicht«, desto schneller verliert man selbst die Kräfte wieder.

Spirituell begabte oder hellsichtige Kinder, die eingebildet werden, entwickeln seltener Heilkräfte als die, die »normal« bleiben. Die Energie der Heilkraft kommt nur zu denjenigen und bleibt nur bei denjenigen, die ihre Kräfte liebevoll teilen und lernen, den anderen Kindern nie das Gefühl zu geben, sie wären minderwertig, weil sie weniger hellsehen können. Nicht hellsichtige Kinder haben ganz andere Fähigkeiten, die genauso wertvoll sind.

Wer das Besondere in jedem sehen kann, dem können auch besondere Kräfte verliehen werden. Wer zu stark im Ego feststeckt, dem wird der beste Teil der Kräfte wieder genommen. Dies ist eine der wichtigsten Botschaften, wenn man ein Kind mit auffällig hellsichtigen Gaben hat.

Hat es diese Botschaft für sich angenommen, braucht man sich keine Sorgen zu machen. Hängt es im Ego fest, wird es Schwierigkeiten geben, denn die Seele möchte das Kind zurückbringen ins Licht und macht sich bemerkbar.

Fernwahrnehmung ist auch ein lustiges Spiel. Man sucht sich einen Partner, setzt sich kurz gegenüber, hält sich an den Händen und tauscht positive Energie und Liebe aus.

Wenn man es anfangs nicht spürt, kann man die Vorstellung zu Hilfe nehmen. Dann nimmt jeder einen Zeichenblock und Stifte, die Kinder (Erwachsene dürfen auch mitmachen) gehen in verschiedene Räume, jeder stimmt sich noch einmal auf die Energie des anderen ein und erinnert sich an die gemeinsam gespürte Herzverbindung und Liebe und beginnt dann zu malen. Am Ende vergleicht man die Bilder, ob sich da Gemeinsamkeiten ergeben haben, z.B. ähnliche Farben oder Formen.

Eine Variante in einer Gruppe kann sein, ein Postkartenmotiv (Naturmotive funktionieren am besten, offenbar ist da die Energie am reinsten und klarsten auch für Anfänger zu empfangen) in einem Umschlag auf den Tisch zu legen. Alle spüren sich in die Postkarte ein und zeichnen sie nach.

Damit die Postkarte eine gute Energie bekommt, kann man sie auf ein liebevoll gestaltetes Podest stellen oder eine Blumen-/Kerzendekoration um sie herum legen. Oft gelingt es den Kindern dann leichter, sich in die Karte hineinzuspüren. Eine weitere Variante ist, die Wasseruntersetzer zu kopieren, auszuschneiden und verdeckt auf den Tisch zu legen und die Kinder dürfen das Gefühl beschreiben, das von dem umgedrehten Untersetzer ausgeht. Wie fühlen sie sich, wenn sie die Hand darüber halten? Man kann auch einen »Dummkopf-Untersetzer« darunter mogeln und sehen, ob die Kinder den negativen Untersetzer von den anderen energetisch unterscheiden können.

»Urteile über niemanden, bevor du nicht einen Mond lang in seinen Mokassins gegangen bist«, lautet ein weises Sprichwort der Indianer.

Auch das ist ein tolles Spiel für größere Kinder. Jeweils zwei Kinder spielen zusammen. Ein Kind geht voran, ganz normal, wie es immer geht, und das zweite Kind läuft im Abstand von einem Meter hinterher. Dabei versucht es Gangart und Bewegungsablauf des ersten Kindes möglichst genau nachzuahmen.

Nach einigen Runden durch den Garten oder das Wohnzimmer kann Resümee gezogen werden: »Wie fühlst du dich, wenn du so gehst?«

Achtung: Nicht zu viel erwarten. Am Anfang und bei kleineren Kindern kommen überwiegend Antworten wie »gut«, »ganz gut«, »okay«, »weiß nicht«. Spaß haben die Kinder trotzdem dabei, und auch wenn sie es noch nicht formulieren können, nehmen sie etwas wahr. Wichtig ist es, ihnen die Mokassin-Philosophie dazu zu vermitteln. So kann man sich nach dem Spiel hinsetzen und fragen: »Gibt es jemanden in der Schule, Nachbarschaft, Familie, von dem ihr denkt, dass ihr vielleicht besser mit ihm auskommen würdet, wenn ihr besser verstehen würdet, warum er sich so verhält?«

Dabei kommen bei Grundschulkindern megainteressante und verbindende Gespräche zustande.

Man kann auch in den Mokassins eines anderen stehen oder sitzen. Ein Kind darf sich so hinsetzen oder hinstellen, wie es besonders gerne steht oder sitzt. Alle anderen Kinder machen die Position möglichst genau nach und beschreiben dann, wie sie sich dabei fühlen.

Die Kinder mögen solche Spiele, weil sie sich dabei beachtet und wichtig fühlen.

Ganz ähnlich ist das so genannte Pacen aus dem NLP. Es geht auch dabei darum, einen anderen möglichst originalgetreu zu imitieren und zu schauen, was man dabei über ihn erfährt.

Das klappt lustiger Weise auch im Zoo. Geht mit den Kindern in den Zoo (an einem weitgehend ruhigen Zootag) und macht vor den Käfigen möglichst genau die Tiere nach. Bewegt den Kopf und den ganzen Körper so wie die Tiere. Imitiert ihre Bewegungsgeschwindigkeiten und Bewegungslinien. Vögel z.B. bewegen ihre Köpfe schnell und ruckartig und trotzdem irgendwie leicht und sanft.

Wenn es einem Kind gelingt, ein Tier gut zu imitieren, dann kommt dieses ganz oft so nah heran wie möglich, um den neuen »Artgenossen« näher in Augenschein zu nehmen.

Auch hier ist es schön, dem Spiel einen Sinn zu geben und den Kindern zu sagen, dass die Tiere zu ihnen kommen, weil sie sich verstanden fühlen. Auch Tiere suchen nach Nähe und Vertrautheit. Das haben sie offenbar mit den Menschen gemeinsam.

An dem Tag, an dem wir bei uns zu Hause die Würfel- und Fernwahrnehmungsspiele gemacht haben, haben wir auch eine Gruppenmeditation durchgeführt. Sie war sehr kurz und sehr schlicht. Es haben sich einfach nur alle im Kreis aufgestellt und sich an den Händen genommen. Zu zweit haben wir die Meditation angeleitet:

»Schließ deine Augen und beobachte deinen Atem, wie er in diesem Moment durch deinen Körper fließt. Stell dir vor, du würdest mit der Luft auch Licht und Liebe einatmen und diese würden deinen ganzen Körper reinigen, so dass nur noch Licht und Liebe in allen Zellen übrig bleiben.

Jetzt stellen wir uns vor, dass sich vor unserem Herzen ein schöner heller Energieball formt. Diesem Ball senden wir all unsere Liebe, so viel wir nur können. Und wenn der Ball ganz groß geworden ist, schicken wir ihn mit der Liebe an alle anderen im Kreis. Wir wünschen jedem Einzelnen im Kreis Licht und Liebe für sein Leben.« Danach durfte jeder noch fünf andere Teilnehmer umarmen und dann war die Übung fertig.

Der Clou war der, dass vorher alle bei meiner Heilpraktikerin angestanden hatten und sie hatte bei allen das energetische Lot gemessen. Wenn man total in seiner Mitte ruht und gesund ist, ist der Wert Null (kommt kaum vor). Wenn man megamäßig aus der Mitte und akut krank ist, kann der Wert maximal 90 Grad Abweichung betragen.

Wir (30 Personen) lagen alle zwischen 30 und 5 Grad Abweichung vom Optimalwert. Nach der kurzen und schlichten Meditation mit Händchenhalten im Kreis stellten sich alle wieder bei ihr zum Messen an und alle hatten ihre Werte verbessert. Die Werte waren bei ALLEN deutlich verbessert (von 23 auf 2 Grad, von 15 auf 7 usw.). Ein schöner Erfolg einer einfachen Übung in Gemeinschaft!

Kindern kann man erzählen, dass einander zu umarmen das Immunsystem stärkt (tut es auch) und dass Menschen schneller gesund werden, für die jemand betet. Etwas Ähnliches tut ihr, wenn ihr euch gegenseitig alle Licht und Liebe schickt und wünscht. In einer Gruppe wird die ganze Gruppe gestärkt und fühlt sich besser danach.

Unnötig den Kindern zu erzählen, aber interessant für die Erwachsenen ist, dass es dazu sogar Versuche an Universitäten gibt, die zeigen, dass Patienten, für die Studenten beten, einen besseren Krankheitsverlauf aufweisen als Vergleichsgruppen, in denen nicht für die Patienten gebetet wird. Die Besserung der ersten Gruppe findet wohlgemerkt statt, ohne dass die Patienten etwas davon wissen, dass für sie gebetet wird.

Das zu wissen ist vielleicht spannend für andere Eltern, die man zum Mitmachen motivieren möchte ☺.

Besonders kleinkindtauglich:
Man kann ein Kind in die Mitte stellen und alle anderen schaufeln ihm mit den Händen ganz viel Energie zu und rufen dazu seinen Namen. Das ist eine Übung, um dem Kind Kraft und Selbstbewusstsein zu geben.

Die Philosophie dazu für größere Kinder: Wer viel und mit offenem Herzen geben kann, der wird viel vom Leben zurückbekommen!

Die zweite Übung ist dann ganz ruhig: Alle halten die Hände nach oben in den Himmel und senken sie mit wackelnden Fingern wieder nach unten (energetischer Goldregen) und stellen sich vor, sie würden Licht und Liebe auf das Kind herunterrieseln lassen. Alle sprechen laut: »Licht, Liebe und Segen für dich (oder etwas ähnliches).«

Das Kind darf sagen, was ihm besser gefallen hat oder ob beides gleich gut war. Auf jeden Fall strahlen die Kinder hinterher bei so viel liebevoller Aufmerksamkeit. Die einen gucken zwar etwas verschämter und die anderen quieken laut vor Freude (geht auch bei ganz kleinen Kindern übrigens!), aber gerade die Verschämten erzählen zu Hause oft noch tagelang davon ☺.

Zusammenfassung Energieübungen:

- Bücher unter einem Tuch verstecken, eine Handfläche darüber halten und die Energie des Buches spüren und beschreiben.
- Würfelergebnisse mental beeinflussen: Entweder konzentriert man sich auf die hohen Zahlen 4-6 oder auf die niedrigen 1-3. Der Würfelnde führt eine Strichliste dazu und nach 100x würfeln wird geprüft, ob die mentale Beeinflussung des Ergebnisses gelungen ist.
- Fernwahrnehmung kann man spielen und

üben mit verdeckten Naturmotiv-Postkarten oder den ebenfalls verdeckt hingelegten Wasseruntersetzern oder indem man sich zu zweit über Herz und Hände energetisch verbindet und dann, von einander unabhängig, ein gemeinsames Bild malt.

- In Gruppen: Jeweils zwei Kinder halten die Handflächen übereinander und schweigen dazu. Mit Gebabbel funktioniert es nicht, dann lieber abbrechen und wann anders versuchen, wenn die Stimmung passt. Auf keinen Fall erzwingen wollen. Wenn es klappt und alle sind still, dann können die Kinder alle 2 Minuten den Partner wechseln und am Ende der Übung beschreiben, welche Unterschiede sie zwischen den einzelnen Partnern wahrgenommen haben.
- In den Mokassins des anderen gehen oder stehen: Wie fühlt es sich an, wenn ich genau so gehe oder stehe wie ein anderes Kind?
- Bewegungen von Tieren im Zoo nachahmen und beobachten, welche Tiere darauf reagieren und ganz nah an den Zaun kommen.
- Gruppenschmusen mit Händchenhalten

und Licht und Liebe gemeinsam an alle in der Gruppe schicken. Feedbackrunden, ob einer sich besser fühlt als vorher. Wie fühlt sich das an? Man kann auch ein Kind in die Mitte stellen und alle anderen schicken Licht und Liebe und das Kind darf dann sagen, ob sich das gut anfühlt (erwarte keine detaillierte Beschreibung, Kindern reicht »gut« vollkommen als Beschreibung).

Kleinkindgeeignet:

- Ein Kind in die Mitte stellen und alle anderen schaufeln ihm mit den Händen ganz viel Energie zu und rufen dazu seinen Namen.
- Alle halten die Hände nach oben in den Himmel und senken sie dann unter Fingerwackeln wieder nach unten mit den Worten: »Licht, Liebe und Segen für dich!«

Gute-Nacht-Rituale von Geburt an

Wie sehen typische Gute-Nacht-Rituale von Erwachsenen aus? Sie ziehen sich Krimis oder alberne Schrottshows im Fernsehen rein und gehen mit diesen letzten Eindrücken im Tag schlafen. Vera Birkenbihl schreibt in »Stroh im Kopf, Gebrauchsanleitung fürs Gehirn«, dass unser Unbewusstes zirka 750 000 Mal größer ist als das Bewusste.

Klasse Idee, dieses Unbewusste mit möglichst viel Schreckensbildern und niedriger zwischenmenschlicher Qualität schlafen zu schicken und diese Bilder dann über Nacht ausgiebig wirken zu lassen...

Wobei unter den Lesern dieses Buches sicherlich nur wenige Anhänger der obigen Schlaf-Schlecht-Depressionsverstärker-Technik dabei sein werden. Vielleicht möchte dennoch der eine oder andere auch sein eigenes Gute-Nacht-Ritual für sich selbst gleich noch einmal mit überdenken.

Vor dem Schlafengehen ist das Unbewusste besonders offen und aufnahmefähig, denn schließlich sind die letzten Eindrücke die frischesten und sie wirken die ganze Nacht hindurch. Das Unbewusste kann auch vor allem vor Anbruch der Schlafenszeit nicht mehr so recht unterscheiden, was wirklich war und was Phantasie war. Suggestionen aller Art wirken in dieser Zeit besonders stark.

Wir können daher ein Gute-Nacht-Ritual für uns und unsere Kinder zusammenstellen, mit dem wir:

- Positives im Kind (bzw. in uns) liebevoll verstärken
- Aufgestaute Probleme des Tages abmildern und im Idealfall auflösen
- Eine Energie von Licht und Liebe aufbauen und diese auch an andere weitergeben (moderne Form des Nachtgebetes, in das andere mit eingeschlossen werden).

Positives liebevoll verstärken

Für Erwachsene gibt es die Technik des Transformationstagebuches die ich häufig meinen-Seminaren und Vorträgen erläutere.

Dabei geht man in den letzten zehn Minuten vor dem Schlafengehen in Gedanken oder schriftlich den Tag durch und korrigiert alles, was einem nicht so gut gefallen hat. Das heißt, ich denke oder schreibe es mir so auf, wie ich es – im Nachhinein betrachtet – gerne optimal gelöst hätte. Nach einem Streit mit Oma, die mir alles madig machte, könnte der Eintrag so aussehen: »Als Oma mich anmeckerte, blieb ich ganz in meiner Mitte, konzentrierte mich auf meine Selbstliebe und bat meine Oma in respektvollem Ton darum, ihre Wünsche positiver zu formulieren«... so oder ähnlich.

Nun ist solch eine Technik für Kleinkinder zu kompliziert. Aber man kann als Eltern einfach nachdenken, worüber man sich am jeweiligen Tag besonders gefreut hat und den Kindern das sagen:

»Als die Lara so geweint hat und du sie trösten kamst und ihr dein Puppi geliehen hast, damit es ihr wieder besser geht, habe ich mich sehr gefreut und auch alle anderen waren ganz gerührt, wie lieb du bist. Lara hat danach auch ganz schnell zu weinen aufgehört und war getröstet.«

»Es war heute eine große Hilfe für mich, dass du so kompromissbereit warst in der und der Situation... Ich bin sehr froh so ein liebes Kind wie dich zu haben.«

Marshall Rosenberg, der Erfinder der gewaltfreien Kommunikation (siehe Anhang, es lohnt sich) beschreibt, dass Dankbarkeit ein großer Treibstoff und Energielieferant für jeden Menschen ist.

Wir haben, laut Rosenberg, jedoch auch das Danken verlernt. Ein Beispiel dazu zum Nachspüren. Wie fühlst du dich, wenn jemand zu dir sagt:

»Danke, dass du deinen Job so ausgezeichnet erledigst, du bist in dieser Tätigkeit der Star, da ist dir niemand über!«

Fühl rein in diesen Satz. Was kommt da – außer der eventuellen ersten Freude und dem Stolz? Nicht womöglich auch so was wie Leistungsstress und Konkurrenzdruck und Angst den hohen Standard nicht immer halten zu können?

Wie fühlt es sich dagegen an, wenn derjenige stattdessen sagt:

»Als du das gemacht hast (Tätigkeit genau beschreiben), habe ich mich sehr gefreut. Ich fühlte mich erleichtert, dankbar und inspiriert. Du hast damit voll mein Bedürfnis erfüllt, mich auch auf jemanden anderen verlassen und vertrauen zu können.«

Wow, das zieht ganz anders rein, oder?

Laut Marshall Rosenberg gibt Dankbarkeit am meisten Kraft und Energie, wenn sie drei Punkte erfüllt:

1. Beobachtung:

Genau beschreiben, was der andere getan hat, wofür du dankbar bist.

2. Gefühle:
Beschreib die positiven Gefühle, die du dabei hattest.
3. Erfüllte Bedürfnisse:
Sage dem anderen, welches Bedürfnis von dir er mit seiner Handlung erfüllt hat.

Es ist ein Grundbedürfnis des Menschen anderen Gutes zu tun. Wenn wir hören, wie wir mit unserem Tun und Sein anderen helfen, welche ihrer Bedürfnisse wir damit befriedigen und wie sie sich darüber freuen, so gibt uns das einen Riesenauftrieb.

Beobachte einmal dein kleines Kind, wenn du ihm auf diese Weise am Ende des Tages für irgendetwas dankst: »Beobachtung, Gefühle, erfüllte Bedürfnisse von dir!« Mit geradezu verklärt lächelndem Gesichtsausdruck hören sie zu, die Minis. Bei Kindern kann man noch sehen, WIE glücklich diese Art von Dankbarkeit wirklich macht. Meine Kinder singen sich danach oft total happy selbst in den Schlaf. Man hört es an der Tonlage, wie gut es ihnen geht. Sie fühlen sich total angenommen und willkommen im Leben.

Und – last but not least – du verstärkst diese Eigenschaft in ihnen. Solche Gefühle, noch dazu am Ende des Tages vor dem Einschlafen, vergessen sie nicht so leicht. Das ist ein positiver Impuls, den sie ganz natürlicher Weise wieder haben möchten. Also werden sie danach trachten öfter so zu handeln, wenn dies dazu führt, dass alle sich so freuen.

Steve Biddulph, der Autor des Millionenbestsellers »Das Geheimnis glücklicher Kinder«, nennt solche Inputs »hypnotische Botschaften«. Sage deinem Kind oft (und besonders in kuscheligen Momenten wie vor dem Einschlafen), dass du es liebst und dass es lieb ist und es wird lieb sein.

Benutze im Umgang mit deinem Kind Worte wie »Zicke, Spinner, Nervensäge« und du wirst Zicken, Spinner und Nervensägen als Kinder haben. Unsere Kinder glauben uns alles und unsere Worte wirken wie Verstärker ihrer jeweiligen positiven oder negativen Potentiale. Verstärken wir doch lieber das Positive.

Das klappt übrigens auch bei Neugeborenen. Sie bekommen die Energie des Gesagten mit, auch wenn sie die Sprache noch nicht verstehen können. Wenn du genau hinsiehst, wirst du bemerken, wie aufmerksam sie zuhören, wenn du ihnen für etwas dankst oder ihre positiven Eigenschaften und diejenigen ihrer Verhaltensweisen lobst, an denen du Freude hast.

Aufgestaute Probleme des Tages abmildern und im Idealfall auflösen

Natürlich hat jeder Mensch und auch ein Kind negative Seiten. Peter Blug, ein Lebensberater, sagte mir einmal, es gäbe zwei Möglichkeiten zu leben. Entweder sei der Motor für unsere Handlungen die bedingungslose Liebe oder aber wir wären auf irgendwelchen oft unbewussten Rachefeldzügen unterwegs. Es handelt sich dabei einfach um unterdrückte Wut und aufgestaute Gefühle, die einen Kanal suchen und sich an unpassender Stelle in Form dieser unbewussten Rachefeldzüge Luft machen.

Was dagegen helfe sei, sich selbst und anderen immer wieder alles zu verzeihen, dann würde der Raum frei, damit die bedingungslose Liebe dahinter sich wieder ausbreiten kann.

»Ich verzeihe Grumbelbär (Mustername) alles, was er mir je angetan hat, und ich bitte Grumbelbär um Verzeihung für alles, was ich ihm je angetan habe.«

Mit solchen Sätzen kann man Probleme des Tages zu einem guten Abschluss bringen und befreit schlafen gehen. Ärger bindet einen an die betreffende Person, emotional wie auch ganz physisch, und derartige Situationen, die Ärger hervorrufen, werden zwangsläufig immer häufiger auftreten – mit dieser Information verzeihen Kinder höchst eilig allen unerwünschten Personen, denn schließlich wollen sie nicht länger an diejenigen gebunden sein.

Konflikt- und Stressbewältigung mit Hilfe von Energiespielen

Heute hat es reichlich gekracht bei uns im Haus. Mein Lebengefährte ist plötzlich dahinter gekommen, dass er von jemandem böse übers Ohr gehauen wurde.

Manfred war dermaßen wütend darüber, dass er nach dem entsprechenden Telefongespräch den Hörer so fest auf die Gabel knallte, dass das Telefon kaputtging. Danach war er dann auch noch wütend auf sich selbst (er ist auch ein noch Übender in Sachen Wut-Transformation). Die Kinder waren ziemlich erschrocken und mich hat es ebenfalls eine Menge Energie gekostet.

Als ich die Kinder ins Bett brachte, dachte ich irgendwann, ich fühl mich so flau in den Knien, ich muss was tun. Ich habe das schlichteste Mittel zuerst probiert, indem ich beide Hände in den Himmel gestreckt habe und den Kindern gesagt habe, dass mich der Wutanfall von Papa Energie gekostet hätte und deshalb müsste ich mich jetzt wieder aufladen, damit es mir wieder gut geht. »Liebe, Licht und Energie für Mama Bärbel«, rief ich in den Himmel und als ich das Gefühl hatte, es prickelt genug in den Händen, nahm ich sie wieder runter und ließ die Finger in zehn Zentimeter Entfernung an meinem ganzen Körper lang rieseln. Liebe, Licht und Energie würde ich jetzt in meinen Körper hineinrieseln lassen, sagte ich den Kindern.

Ich fragte die Kinder, ob sie das auch haben wollten, was beide sofort ganz klar bejahten.

Also nahm ich die Hände wieder hoch, diesmal nicht über mir, sondern über dem ersten Kind und sagte laut dazu: »Liebe, Licht und Energie für ...«. Nun ließ ich ebenfalls meine Hände mit rieselnden Fingerbewegungen auf das Kind und an seinem Körper hinab gleiten. Kind 1 strahlte. Das fand es Klasse und das Zwillingsgeschwisterchen protestierte schon aus seinem Bettchen (beide Kinder sind gerade 3 Jahre alt geworden): »Mama, will auch. Sollst du rüberkommen...«

Und so wanderte ich noch eine ganze Weile zwischen beiden Betten hin und her und berieselte abwechselnd mich selbst und die Kinder mit Liebe, Licht und Energie. Wichtig war mir, auch mich selbst immer wieder zu bedenken, damit ich möglichst reine Energien und nicht womöglich meinen energetischen Unrat an die Kinder weitergab.

Irgendwann kam mir die Idee, die All-Einheit um die Energie von Frieden zu bitten und diese Friedensenergie ebenfalls in die Körper von mir und den Kindern einzuladen und quasi hineinzustreichen.

Ich war wirklich fasziniert, wie erfreut die Kinder über dieses kleine Ritual, bei dem ich sie ja nicht einmal berührt habe, waren (obwohl es sicher auch mit sanften Berührungen klappen würde, das haben wir dann ganz zum Schluss auch gemacht).

Nachdem wir Frieden in den Körper eingeladen hatten, kamen noch Gesundheit und noch einmal Liebe dazu.

Beide Kinder hatten, wenn sie dran waren, ein geradezu seliges Lächeln auf den Lippen.

Ich war glücklich und auch ganz beruhigt, dass mir das rechtzeitig eingefallen war. So friedlich und entspannt wie sie nun wirkten, würden sie bestimmt ruhig einschlafen und süß träumen, trotz des kaputten Telefons.

Und außerdem war – durch lediglich ein kleines kreatives Bemühen – aus dem unguten Gefühl nun sogar noch ein geradezu magisch-schöner Moment mit meinen Kindern geworden. Auch das fand ich schön. Erstens überhaupt den Moment und zweitens, weil die Kinder so erlebt haben, dass man in seinem Wohlfühlgefühl keineswegs rein abhängig von anderen ist, sondern selbst entscheiden kann, wie man mit etwas umgeht.

Den Papa, der inzwischen schon schlief, denn krank war er zu allem Überfluss gerade auch, habe ich extra noch einmal ein bisschen wachgerüttelt, um ihm zu erzählen, dass es seiner Familie wieder gut gehe, weil wir uns alle mit Liebe, Licht und Energie berieselt hätten.

Dann ging ich in mein Büro, um noch ein paar Emails zu erledigen. Fünfzehn Minuten später kam Papa Manfred verschlafen angeschlurft und murmelte: »Kuscheln! Ich will auch Liebe, Licht und Dingsda...« ☺.

Eine Energie von Licht und Liebe aufbauen und diese auch an andere weitergeben

Diese Übung kann man nach dem Zähneputzen und vor dem endgültigen ins-Bett-Gehen machen. Wie schon weiter oben erwähnt, tut es jedem Menschen gut, wenn er von anderen positive Gedankenenergie geschickt bekommt. »Niemand kann vollständig untergehen, solange auch nur eine einzige Person noch an ihn glaubt«, meint Florence Scovel-Shinn (»Das Lebensspiel und seine Regeln«) sogar.

Jetzt hatte ich mir überlegt, dass wir ja Licht und Liebe an alle senden könnten, die wir mögen: Oma, Opa, Tante, Cousins und Cousinen, Freunde, Nachbarn und wer uns noch so alles einfällt. Ich bin allerdings darauf gekommen, dass wir so viele Leute mögen, dass wir viel zu lange beschäftigt wären, wenn wir die alle einzeln aufzählen wollten. Es musste daher ein rationalisiertes, kindertaugliches Verfahren zum Licht-und-Liebe-Senden her.

Dabei kam mir folgende Idee: Der liebe Stefan (mein Haus- und Hofzeichner) muss uns ein Poster zeichnen, auf dem eine große Sonne mit vielen Sonnenstrahlen drauf ist. Auf jedem Sonnenstrahl befinden sich ganz viele Herzchen und in diese Herzchen können wir Eltern mit unseren Kindern entweder jeweils die Namen der Personen schreiben, denen wir Licht und Liebe senden wollen oder noch besser natürlich ein kleines Foto der Person einkleben, dann können sich die Kinder das am besten vorstellen.

Damit es viel zu gucken gibt für die Kinder, dürfen ruhig auch ein paar süße Engelchen zwischen den Sonnenstrahlen herumfliegen und allerlei Dinge anstellen.

Dieses Poster kommt dann ins Kinderzimmer und ein kleines Abendritual kann sein, sich davor zu stellen und die Hände in den Himmel zu strecken um von dort Licht und Liebe zu erbitten und die lässt man dann mit den Fingern auf das ganze Poster mit allen Menschen darauf gleichzeitig rieseln (das ist wieder der energetische Goldregen, den ich so gerne mag und auf den mich einmal eine Seminarteilnehmerin gebracht hat).

Als zweites kann man die Hände aufs Herz legen und von sich selbst aus Licht und Liebe an alle auf dem Poster senden. Wenn jemand besonders viel Liebe bekommen soll, dann können die Kinder demjenigen ja eine individuelle Extradosis schicken. Das macht Spaß und dauert nur 30 Sekunden. Eben ein kleinkindgeeigneter Zeitrahmen.

Unseren Kindern ist es immer besonders wichtig, dass der Energieregen bis auf den Boden geht und sie singen dazu: »Liebe, Licht, Lachen.« Das Lachen haben sie sich selbst dazu erfunden. Wenn Jola besonders gut drauf ist, bekommt jedes Bild ein extra Küsschen und dann muss Amos hinterher natürlich auch noch alle küssen. Es wird jedenfalls an jedem Abend an jeden Einzelnen einmal liebevoll gedacht. Unser Opa war hocherfreut, als wir mit der Digitalkamera ein Foto für unser Licht-und-Liebe-Poster von ihm gemacht haben und ihm erklärt haben, worum es geht. Ihm gefiel die Idee besonders gut und er bedankte sich, mit dabei sein zu dürfen.

Das Poster ist als einfache Kopiervorlage im Anhang zu finden. In größer, schöner, ausgemalter und farbig kann es von meiner Homepage (www.baerbelmohr.de dort unter »Bücher« und dann bei »Download zu den Lichtkindern«) herunter geladen werden. Man kann es in A4 oder A3 ausdrucken und im Kopierladen noch größer kopieren lassen.

Natürlich ist auch das klassische Vorlesen und Vorsingen schön und wertvoll. Wichtig ist bei der Auswahl der Texte (auch der Liedtexte, die man ja im Bedarfsfall selbst umtexten kann) vor allem wieder der Aspekt der Stimmung und der Energie, mit der man den Tag beschließen möchte.

Kinder lernen durch Nachahmung und so wie süße Limonadengetränke und Süßigkeiten süchtig machen, obwohl sie ungesund sind, machen auch Katastrophen und Gewalt süchtig, obwohl sie ungesund sind und per Resonanzgesetz weitere Negativität im Leben erschaffen.

Viele Eltern ziehen sich Gewalt und Negativität durch die abendlichen Nachrichtensendungen rein und finden dann automatisch, Gewalt gehöre halt zum Leben. Also sei es normal, wenn Kinder in ihren Märchen und Vorlesegeschichten auch viel Gewalt begegnen. Man dürfe sie ja nicht weltfremd so erziehen, als gäbe es das nicht.

Das ist schon wahr, es fragt sich nur, ob man sie schon als kleine Kinder mit einem Umgang mit Gewalt konfrontieren muss, wie er vor einigen Jahrhunderten üblich war, oder ob es auch neue Ansätze sein dürfen. Mir ist der Umgang mit Gewalt in Grimms Märchen beispielsweise zu grimmig. Die Kinder werden genauso süchtig danach wie nach Limonade. Wenn ich ihnen aber Verhaltensformen einer neueren, reiferen Gesellschaft beibringen, vorleben und vorlesen möchte, so muss ich auf den alten Kram verzichten.

Und das ist durchaus ein echter Verzicht, wenn man, so wie ich, selbst das ganze Leben lang immer eine ordentliche Ladung davon abbekommen hat.

Neu ist, wenn man Aggressionen transformiert statt sie entweder an anderen auszulassen oder sie selbstzerstörerisch in sich hineinzufressen.

Diese Methode der Transformation erlernt ein Erwachsener sehr zäh und mit Hilfe jahrelanger Selbsterfahrungsgruppen, persönlichem Training und Therapien. Ein Kind erlernt es spielerisch im Nu und hat damit eine wichtige Fähigkeit fürs ganze Leben erlangt.

Ich persönlich plädiere daher für eine sehr sorgfältige Auswahl an Vorlesegeschichten im neuen Bewusstsein oder für ein eigenständiges Neuerzählen alter Märchen mit neuen Lösungsvorschlägen, so dass Kinder schon früh mit der Idee vertraut werden, dass Aggressionen transformiert werden können.

Du brauchst nur an eine Pferdeherde zu denken. Ihre Aggressionen ungefiltert austoben tun nur die rangniedrigsten Tiere. Den Leithengst erkennt man immer daran, dass er der edelste und souveränste von allen ist. Bestimmt ärgert sich so ein Leithengst auch einmal, kann man den Kindern erzählen, aber er lässt den Ärger weder an sich selbst noch an anderen raus. Er transformiert ihn und das macht ihn – ohne jeden Kampf oder Kraftproben – zum anerkannten Chef der Herde. Er braucht nur mit dem Kopf zu nicken und alle folgen ihm gerne. Wer noch um sich tritt und wütend wiehert, der gibt damit zu erkennen, dass er nicht geeignet ist, die Herde zu leiten. Diese rangniederen Tiere bekommen immer zuletzt zu essen, denn es ist ein natürliches Bestreben der Herde als Ganzes, die edelsten Tiere als Erstes fortzupflanzen und zu erhalten. Deshalb bekommen diese immer als Erste das Beste und erst dann dürfen die anderen an den Trog.

Dies ist ein prima Beispiel aus der Natur, das mit Sicherheit jedes Kind beeindruckt (man kann solche Beispiele nachlesen in alternativen Pferdebüchern von Pferdeflüsterern). Denn wer möchte nicht lieber sein wie der Leithengst, der immer zuerst das Beste bekommt und dem die anderen sogar gerne den Vortritt lassen? Das geht nun mal nur, wenn man schon gelernt hat, Aggressionen zu transformieren!

Singen ist natürlich immer gut. Wir können über die Melodien und unsere Stimmlage ganz einfach positive und liebevolle Energie rüberbringen. Ein schöner Weg, gemäß der alten Volksweisheit, dass man sich ruhig dort niederlassen solle, wo gesungen wird, denn böse (niedrigschwingende) Menschen haben keine Lieder.

Zusammenfassung Gute-Nacht-Rituale:

- 30 Sekunden Licht und Liebe senden an alle, die man mag. Es dürfen ruhig auch Fotos von den Kindern selbst mit in die Gemeinschaft aller Lieben auf dem Poster. Dann schicken die Kinder gleich Licht und Liebe an sich selber mit und sie erleben sich als Teil einer positiven Gemeinschaft.
- Allen verzeihen, denen man etwas vorwirft, und mit positiven Gedanken an alle schlafen gehen. Bei größeren Krisen kann das Kinderbuch von Neale Donald Walsch »Ich bin das Licht« die ideale Vorlesegeschichte zur Problemlösung sein.
- Das Positive im Kind verstärken, indem man ihm auf Marshall-Rosenberg-Art dankt dafür: Beobachtung was war, eigene Gefühle und erfüllte Bedürfnisse genau beschreiben.
- Vorlesegeschichten sorgfältig auswählen

oder ausdenken, so dass sie als Vorbild für neue Verhaltensweisen dienen können.

- Beim Singen und Vorsingen mit sich selbst aufmerksam sein und eine liebevolle Energie in die Stimmlage mit hineingeben. Dann wirkt das Gesungene besonders positiv, harmonisierend und heilend auf die Kinder.

Die Kinder träumen nach solchen Gute-Nacht-Ritualen (natürlich muss man nicht täglich alles absolvieren, sondern so wie es sich im Fluss der abendlichen Stimmung gerade ergibt) bestmöglich und wachen am Morgen gut gelaunt auf. Eine rundum schöne Sache.

Teammeetings

Die Grundidee zu den Kinderteammeetings stammt von der Kindertrainerin Melody Pritchard (sie bietet auch in Deutschland Kindertrainingscamps an, siehe unter www.sageinnovations.de). Wir haben das Vorgehen für uns ein bisschen modifiziert und in zwei Teile geteilt.

Teil 1: Das Teammeeting zur positiven Verstärkung

Ein Team kann man auch sein, wenn man nur zu zweit ist, aber so richtig toll wird es, wenn es mehr sind. Das Team (alle Anwesenden) trifft sich im Sitzkreis und jeder kommt einmal dran. Alle dürfen dem Kind, das dran ist, sagen, was sie besonders nett an ihm finden, was es gut kann, was ihnen viel Spaß beim gemeinsamen Spielen mit diesem Kind gemacht hat usw.

Zum Schluss darf auch das Kind selbst sagen, was ihm besonders viel Spaß gemacht hat (heute oder diese Woche, etwas möglichst Aktuelles) oder worauf es besonders stolz war, dass es das heute geschafft hat.

Danach kommt das nächste Kind dran und die Erwachsenen dürfen auch mitspielen.

Dieses Spiel gibt Selbstbewusstsein und ganz viel Aufmerksamkeit und positive Verstärkung, die gut tun.

Teil 2: Teammeeting zum Schatten Annehmen und Verwandeln

Jeder Mensch hat Schattenseiten und benimmt sich gelegentlich auch weniger nett. Nun ist noch nie jemand seiner Schatten Herr geworden, indem er sie verdrängt hat. Das Einzige was funktioniert ist, sich seinen Schattenseiten zu stellen und sie anzusehen. Erst dann ist man in der Lage neue Entscheidungen über seine Handlungen zu treffen.

Bei diesem Teammeeting, das sich auch direkt an das erste anschließen kann, sagt jeder was heute oder diese Woche nicht so gut geklappt hat. Man erzählt etwas, bei dem man etwas getan hat, was nicht allen Beteiligten Spaß gemacht hat oder was sogar jemandem echte Probleme verursacht hat.

Der Gag ist, und diese Idee stammt von der eingangs erwähnten Melody, keiner wird geschimpft, keiner rümpft die Nase, sondern jeder bekommt, wenn er von seinen »Unebenheiten« erzählt hat, einen rauschenden Applaus von der ganzen Gruppe. Denn sich seinen Schatten zu stellen, ist auf jeden Fall einen Applaus wert. Außerdem ist jeder ein Mensch und Fehler zu machen ist O.K. Man ist deswegen genauso liebenswert und erhält daher Applaus.

Wenn wieder alle dran waren und erzählt haben, kommen ein bis zwei stille Minuten. In diesen zwei Minuten kann jedes Kind für sich überlegen, was es gerne machen möchte, wenn die gleiche Situation wieder auftaucht, und es stellt sich vor, wie es beim nächsten Mal reagieren will.

Wenn ein Kind darüber reden möchte oder Fragen hat, kann es das nach den zwei Minuten tun, wenn nicht dann nicht. Es ist eine ganz private Entscheidung, was man gerade gerne ändern möchte und was nicht. Da hat sich keiner ungefragt einzumischen.

Man kann übrigens auch Kleinkinder mitspielen lassen, indem man ihnen ein bisschen auf die Sprünge hilft: »Als du Daniel mit der Schaufel auf den Kopf gehauen hast, das hat nicht so gut geklappt. Da hatte er keinen Spaß mehr, sondern hat geweint, oder?«

Nach den stillen Minuten kann man so ein Minikind dann diskret fragen: »Und du, möchtest du den Daniel noch mal auf den Kopf hauen oder wollen wir uns vorstellen, dass du vielleicht lieber nur den Sandhaufen klein haust?« Wenn das Kind abwehrend reagiert, in Ruhe lassen. Ein Schatten ist der Verwandlung zugänglich, wenn sein kleiner Schöpfer das wirklich selbst möchte. Vielleicht passt es dem Kind beim nächsten Mal besser oder es möchte nur nicht verraten, was es denkt.

Schmusespiele

Wir haben Zwillinge und da ist es - relativ - klar, dass die keine Probleme mit Nähe und Schmusen haben. Wobei es immer zwei Optionen gibt, wenn ein Kind schmusen will. Entweder das andere schmust erfreut und ausgiebig zurück oder es schiebt das erste Kind weg und sagt: »Nein, nicht schmusen!« Dann will es halt grad nicht und das wird akzeptiert, denn es kommt bei beiden vor.

Na ja, oder sagen wir: Es wird meistens akzeptiert. Unser Sohn, 2,5 Jahre alt, liegt nach so einer Abweisung manchmal auch jammernd am Boden: »Musen! Tuscheln! Amos Jola musen will!« Das heißt auf gut Deutsch: »Schmusen! Kuscheln! Amos will mit Jola schmusen!« Irgendwann gibt sie meist nach und lässt sich zu einem Küsschen herab. Damit muss es dann aber auch wieder gut sein an einem solchen Tag ☺.

Amos ist besonders kontaktfreudig und er schmust auch gerne mit neuen Kindern, wenn er sie lieb gewonnen hat. Das kann nach zehn Minuten sein. Bei fremden Kindern gibt es vier Reaktionsarten, die wir bisher beobachtet haben:

- Das Kind lässt das Beschmust werden verlegen kichernd über sich ergehen.
- Das Kind schmust mal mehr, mal weniger zurück.
- Oder das Kind sagt: »Nein, mag nicht!« und schiebt ihn weg.
- Variante 4 ist etwas ganz anderes und kommt überraschend häufig vor: Das Kind reißt erschreckt die Augen auf und guckt, als hätte es einen Geist gesehen. Manche Kinder bekommen sogar Angst und rennen davon. Andere fassen sich an die Backe, die Amos beispielsweise gerade gestreichelt hat und gucken völlig befremdet und perplex. Sie stehen da wie kleine Salzsäulen und wissen nicht weiter.

Ein 3-jähriger Junge aus dem Nachbarszelt im Zelturlaub dieses Jahr war einer von denen, die völlig verschreckt zurückwichen. Er stob eiligst davon und ward nicht mehr gesehen. Am nächsten Morgen hatte er das Erlebnis offenbar verdaut und neu für sich eingeordnet. Er kam zielsicher aus seinem Zelt marschiert, auf Amos zu, schlang mit Schwung beide Arme um ihn und legte seinen Kopf an Amos Schultern. Es sah aus, als würde er denken: »Das ist das Kind, mit dem man schmusen kann. Ich habe es mir überlegt und es war doch gut!«

David Niven schreibt in »Die 100 Geheimnisse gesunder Menschen«: »Nach Auskunft einer Studie der Universität North Carolina kann bereits eine kurze Umarmung die Auswirkungen einer Stresssituation auf den Blutdruck und die Herzfrequenz um die Hälfte reduzieren.«

Adam Jackson schreibt in »Die 10 Geheimnisse der Liebe« ebenfalls von der beziehungsheilenden Kraft der Berührung (ich finde das kleine Büchlein insgesamt sehr empfehlenswert).

Der Herzspezialist Dean Ornish schreibt in seinem gesamten Buch: »Die revolutionäre Therapie: Heilen mit Liebe« darüber, dass zwischenmenschliche Nähe das am stärksten wirksame Heilmittel von allen ist und sogar schwere Herzerkrankungen rückgängig machen kann.

Über Berührung im Speziellen berichtet er unter anderem von einem Experiment, bei dem Kaninchen cholesterinreich ernährt wurden. Die Hälfte der Kaninchen wurde gestreichelt, man spielte und redete mit ihnen und mit der anderen Hälfte nicht. Die Hälfte, die viel Berührung erhalten hatte, zeigte etwa sechzig Prozent weniger Arterienverkalkung als die, die ignoriert wurde! Berührung und Zuwendung sind offenbar Turbobeschleuniger fürs Immunsystem!

Bei Frühgeborenen hat man festgestellt, dass sie weitaus schneller an Gewicht zunehmen und schneller entlassen werden können, wenn sie täglich dreimal liebevoll massiert werden. Berührung ist wie Nahrung für diese Kleinen.

Unter diesen gesammelten Aspekten ist es sicherlich wünschenswert und auch ganz natürlich, wenn Menschen, die sich mögen oder gerade Spaß miteinander haben, sich auch einmal in den Arm nehmen, um einfach nur einen Augenblick zu kuscheln. Wenn schon kleine Kinder beim körperlichen Kontaktaufnahmeversuch anderer Kinder befremdet und schockiert vor Überraschung über so etwas Ungewohntes sind, dann scheint mir, als hätten wir in der Hektik unserer Zeit da wieder einmal etwas vergessen. Und das färbt bereits auf die Allerkleinsten ab.

Aber auch da hat Dean Ornish eine Statistik des Psychologen Sidney Jourard zu bieten, wie es auf der Welt aussieht: In verschiedenen Ländern der Welt wurden Paare in Cafes beobachtet und wie oft in der Stunde sie sich berühren.

Puerto Rico stand mit einhundertachtzig Mal pro Stunde auf Platz eins. London mit Null Mal pro Stunde an hinterster Stelle und in den USA waren es zwei Mal. Deutschland, Österreich oder die Schweiz hat er leider nicht aufgeführt. Ich vermute jedoch, dass wir allesamt weit hinter Puerto Rico zurück liegen ☺.

Wie dieser starken körperlichen Distanz Abhilfe schaffen, ohne irgendwen in einen Schmusezwang zu versetzen?

Gut finde ich, was Steve Biddulph in »Das Geheimnis glücklicher Kinder« über extrem schüchterne Kinder schreibt (noch ein Geheimnis im Buchtitel, schon überraschend dass Glück und Gesundheit zu den Geheimnissen anstatt zum Allgemeinwissen gehören ☺). Biddulph schreibt sinngemäß, dass niemandem etwas aufgezwungen werden sollte, auch nicht das rege Kontakten, wenn es demjenigen nicht liegt. Andererseits müsste man einer kleinen Marotte aber auch nicht den Raum geben, sich zu einer echten sozialen Schwäche auszuweiten. Was er daher rät ist, dass man von jedem Kind verlangt, dass es seine Mitmenschen mit einem kurzen »Hallo« begrüßt und ihnen dabei in die Augen sieht.

Sich hinter Mama zu verstecken, niemanden anzusehen und auch niemals »Hallo« zu sagen, rät er nicht zu dulden, da das Kind sich selbst einen wichtigen Aspekt seines Lebens verbaut. Hallo und Augenkontakt dauern zwei Sekunden und sind ein Minimum, das jeder schaffen kann. Es ist dabei auch erlaubt, dass das Hallo und der Augenkontakt aus fünf Meter Entfernung und ohne Händeschütteln stattfinden, Hauptsache sie finden statt.

Ist dieses Minimum geschafft, dann ist automatisch eine Mindestbeziehung zu der Person hergestellt, und von dort aus irgendwann Kontakt oder ein Gespräch aufzunehmen ist weitaus einfacher als wenn dem Kind erlaubt wird, sich in die totale Außenseiterposition zurückzuziehen, wo weder Augenkontakt noch Hallo je stattfinden. Damit bauscht sich im Laufe der Jahre eine immer größere Barriere und Entfremdung von anderen Menschen auf, die meist völlig unnötiger Weise zu einer echten sozialen Schwäche werden kann.

Für einen Schritt weiter im Kontaktaufnehmen kann man Schmusetiere und Puppen mit einbeziehen. Indem ein Püppchen ein anderes trifft und mit ihm schmust und Küsschen gibt und das zweite Püppchen sich freut und zurückschmust, bekommen Kinder vorgeführt, wie viel Spaß es machen kann. Wichtig: Dem Kind sollte klar sein, dass trotzdem immer es selbst frei über seinen Körper entscheiden kann und wer diesen berühren darf. Im Puppen- und Schmusetierspiel sollte daher auch mal ein Schmusetier sagen: »Nein, ich mag heute nicht schmusen, danke schön.« (Auch wichtig: »Nein, Danke« hat eine ganz andere Energie als »Nein, wie doof!«) Dann verbeugt sich das erste Schmusetier und spaziert frohgemut zum nächsten Schmusetier. »Ich würde so gerne schmusen, magst du mit mir schmusen?« Und die nächste Puppe sagt wieder ja.

Dann kann das Schmusetier ein Kind fragen: »Gibst du mir ein Küsschen? Streichelst du mich?« Die Hemmschwelle ein Schmusetier zu streicheln ist meist sehr gering. Man kann daher damit beginnen, dass alle von den Schmusetieren und Puppen ein Küsschen bekommen und alle Puppen untereinander schmusen. Spielerisch entsteht dabei irgendwann der Übergang, dass man die Kinder fragen kann: »Wollt ihr euch auch mal streicheln? Wo denn? Am Arm, am Kopf, an der Hand?« Überlass den Kindern die Entscheidung über ihre Körper und halte dich an das, was sie sagen. Dann werden sie sich früher oder später auch weiter hinauswagen oder urplötzlich, ohne groß nachzudenken, öfter mal ein anderes Kind berühren oder in den Arm nehmen. Dann beginnt das große Genießen: Musen und Tuscheln, hurra!

In den Arm nehmen stärkt also das Immunsystem und die Gesundheit und es vertieft die zwischenmenschliche Nähe. Die wiederum hat viel zu tun mit Glück und Freude im Leben und ebenfalls sehr viel mit Gesundheit.

Genau deshalb ist wohl auch in der Seminarszene die »Streichelstraße« recht verbreitet. Ich habe leider keine Ahnung, wer sie sich ursprünglich ausgedacht hat, weil ich sie schon auf so vielen verschiedenen Seminaren erlebt habe und sie auch selbst auf meinen Seminaren gelegentlich durchführe.

Ab zwanzig Personen wird das Spiel am besten und es funktioniert ganz einfach: Die Hälfte der Anwesenden bildet eine Reihe, bei der alle Schulter an Schulter stehen. Die andere Hälfte bildet ebenfalls eine Reihe und stellt sich der ersten in einer Entfernung gegenüber, aus der jeder sein Gegenüber gerade noch so an den Händen nehmen könnte. Wir haben nun also einen langen Menschentunnel gebildet. Wir legen gemütliche Kuschelmusik dazu auf und dann darf der erste von vorne durch diese

Streichelstraße hindurchgehen. Er macht die Augen dabei zu und geht ganz langsam, Schritt für Schritt, durch die Straße. Die anderen dürfen ihn nun ganz vorsichtig berühren und streicheln und ihn durch den Tunnel lenken, da er ja die Augen geschlossen hat. Ideal ist es, wenn derjenige, der gerade durchgeht, immer fünf bis sechs Hände gleichzeitig am Körper hat. Das ist ein richtig irres Gefühl!

Ist die erste Person ein paar Schritte gegangen, kann bereits die nächste in die Streichelstraße eintreten, ganz ähnlich wie bei einer der modernen langen Autowaschstraßen, bei der auch einer nach dem anderen einfahren kann und wo die Autos mit dem Fließband jeweils eins weiter vorgerückt werden. Wir haben nur leider kein Fließband und müssen selbst laufen☺.

Erwachsene schweben meist völlig ab bei dieser Übung. Bei Kindern muss man aufpassen, dass keiner rumalbert und die anderen womöglich zwickt oder kitzelt statt sie zu streicheln. Es ist wichtig, sich da sofort Respekt zu verschaffen.

Eine Streichelstraße ist eine Übung, die nur funktioniert, wenn man allen Anwesenden vertrauen und sich auf sie einlassen kann. Faulen Eiern muss das deutlich klar gemacht werden und wer es nicht einsieht muss auf jeden Fall aus der Straße entfernt werden und darf auch selbst nicht mehr durchlaufen.

Beim nächsten Mal bekommt derjenige aber natürlich – unter besonderer Beobachtung – eine neue Chance.

Wir üben die All-Einheit zu spüren

Da fällt uns eine Menge ein für Erwachsene und viel davon setze ich auf meinen Lebensfreude-Seminaren ein. Aber wie bringen wir das Kleinkindern bei? Oder Schulkindern?

- Ab dem ersten Lebenstag funktioniert der 1-Minuten-intensive-Augenkontakt. Schau dein Kind an und fühl dich ein in den Ausdruck seiner Augen. Was fühlt es gerade? Wenn du dich fühlen kannst wie das Kind, dann fühlt es sich verbunden mit dir.

Wenn grad keiner guckt, kannst du dich neben deinen Säugling auf den Boden legen und dich genauso bewegen wie er. Ich garantiere dir, das Kind lacht sich schlapp UND es fühlt sich verbunden mit dir, in Einheit mit dir, denn du bist eingetaucht in seine Welt!

Barry Neil Kaufman hat sogar, mit seiner Frau zusammen, seinen autistischen Sohn auf diese Weise in seiner inneren Zurückgezogenheit abgeholt und das Kind geheilt. »Ein neuer Tag

– wie wir unseren autistischen Sohn aus seiner Einsamkeit befreiten« (ISBN 3404612558) heißt sein Erfahrungsbericht.

In die Welt des anderen eintauchen ist das Geheimnis der fühlbaren Einheit.

- Auf meinen Seminaren setzen wir uns in Kreise zu je 7-8 Leuten. Einer stellt eine Frage, die ihn in seinem Leben bewegt. Alle nehmen sich an den Händen, schließen damit den Kreis und spüren sich in die Energie des Fragestellers hinein. Die Aufgabe ist, die liebevollste Antwort zu finden, die zu dieser Frage möglich ist. Wem eine Antwort einfällt, der spricht sie laut aus. Wenn alle eine Antwort gefunden und ausgesprochen haben, kommt der nächste Fragesteller dran. Dieses Spiel verbindet die Menschen immer sehr, es ist eine weitere Art in die Welt des anderen einzutauchen. Erstens durch die Absicht liebevolle Antworten zu finden und zweitens, weil jeder im Kreis merkt, wie ähnlich im Grund alle Menschen in ihren Grundbedürfnissen sind.

- Als ich ein kleines Kind war, habe ich bei Autofahrten auf der Autobahn mit meiner Schwester immer gespielt, wem mehr Leute zurückwinken, wenn wir aus dem Auto rauswinken. Wir haben abwechselnd gewunken und gezählt, wem öfter zurück gewunken wird. Auch das ist eine Art, spielerisch mit ganz fremden Menschen einen kurzen Kontakt herzustellen.

- Eine Mutprobe der besonderen Art für größere Kinder geht so: Man setze sich in einer überfüllten Fußgängerzone irgendwo in Blickhöhe der Passanten (beispielsweise auf einen Brunnenrand). Dann werden besonders mufflig dreinblickende Leute strahlend angelächelt und wer die meisten Muffler zum Lächeln bringt, hat gewonnen. Das sollten

Kinder jedoch am besten in Gruppen und nur in Begleitung eines Erwachsenen spielen, um keine psychisch labilen Menschen auf die Idee zu bringen, nähere Kontakte zu knüpfen.

Bei Probelesern kamen an dieser Stelle wieder Bedenken, wegen der psychisch Kranken oder Kriminellen: »Man muss Kinder von allen Fremden doch lieber fernhalten.« Sie sollen auch sicherlich lernen, nie mit Fremden mitzugehen, aber Fremde noch nicht einmal anzulächeln, erscheint mir leicht übertrieben. Warum?

Martin Sage hat in »Lebe deinen Traum« www.sageinnovations.de sehr ausführlich beschrieben, wie verschiedene Stimmungslagen bei Menschen wirken und ineinander übergehen. Depression, laut Martin Sage, ist Überheblichkeit, passive Aggression und Tyrannei und in ihren tiefsten Tiefen geht sie leicht in Kriminalität über. Der Melancholiker ist bereits eine Stufe besser, ist aber noch viel zu viel beschäftigt mit der inneren Rechtfertigung seines pessimistischen Blickwinkels. Bis zum Lebensgefühl des Vertrauens und der kindlichen Begeisterung an jedem neuen Tag ist es von dort noch ein weiter Weg.

Indem man selbst an sich arbeitet, so hoch wie möglich zu schwingen und so lebendig beschwingt und wertschätzend wie möglich zu sein und dies auch seinen Kindern als Lebensgefühl mitzugeben, erhält man den bestmöglichsten Schutz vor niedrig schwingenden Menschen.

Wieso? Kannst du dich vielleicht an eine Situation im Leben erinnern, in der du gerade total genervt oder aggressiv warst und dann spielte plötzlich irgendwo sanfte Halleluja-Musik? Man bekommt in der Regel die Krise, will sofort die Musik ausgestellt haben oder man rennt aus dem Raum. Schlechte Stimmung und hochschwingende Musik passen nicht zusammen. So hat man auch festgestellt, dass sich weniger Obdachlose in U-Bahn-Gängen aufhalten, wenn dort klassische Musik aus dem Lautsprecher rieselt. Wer schlecht drauf ist, der hält keine hochschwingende Musik aus. Und wer beim Halleluja von Händel noch dasitzt und freundlich lächelnd bettelt, bei dem könnte es sich lohnen, dass man ihm hilft, wieder auf die Beine zu kommen.

Je höher man selber schwingt, desto weniger halten die Niedrigschwinger einen aus. Ihnen wird regelrecht schlecht bei so viel Friede-Freude-Eierkuchen.

Und je mehr Menschen man in ihrer Gefühlswelt schon einmal ein bisschen erfasst hat, desto leichter erkennt man auch als Kind, wer einem gut tut und wer nicht. Ich finde daher das Allround-Lächelspiel in Begleitung Erwachsener sehr nützlich. Ganz oft erlebt man dabei nämlich Folgendes: Nehmen wir eine Passantin, hübsch anzusehen, mit vielen Taschen bepackt, Mund und Augenbrauen verkniffen, hektisch über einen Platz in der Innenstadt eilend.

Auf einmal die Attacke: Fünf Kinder strahlen sie herzigst an und winken womöglich auch noch dazu. Echte Niedrigschwinger rennen entsetzt davon. Aber unsere Beispielpassantin hält womöglich inne, stellt ihre ganzen Taschen ab, wischt sich die Stirn und lacht herzlich über sich selbst und ihre schlechte Stimmung:

»Ihr habt Recht, kommt, ich gebe jedem eine Banane aus.«

Ist alles schon da gewesen. Was meinst du, wie stolz die Kinder nach so einem Erlebnis sind. Und sie haben wieder ein Stückchen mehr von der Welt verstanden.

Bei uns im Ort gibt es einen Kindergarten, der in direkter Nachbarschaft zu einem Alten- und Behindertenheim angesiedelt ist. Einmal in der Woche darf eine Gruppe von Kindergartenkindern ins Altenheim zum Basteln gehen. Sie sitzen dort in der Mitte eines Gruppenraumes am Tisch, basteln und die Alten und Behinderten dürfen zusehen. Die Kinder bekommen dort so viel Aufmerksamkeit und Freude an ihrer Anwesenheit zu spüren, dass es jede Woche ein Gerangel gibt, wer gehen darf und wer nicht, denn für alle auf einmal ist der Raum zu klein.

- Auch das ist ein mögliches Spiel: Mit Kindern eine Kleinigkeit einüben oder einstudieren und es in Alten- und Behindertenheimen vorführen. Dass die Kinder erleben, wie erfreut Menschen sein können, mit denen sie im Alltag so gut wie nichts zu tun haben, ist wieder ein Schritt mehr in Richtung spürbare Einheit.

Meiner Oma habe ich früher einmal im Monat positive, wahre Geschichten zugeschickt und ihr gesagt, dass ich das mache, damit sie sieht, dass es auch noch Gutes und Schönes auf der Welt gibt und nicht nur die Katastrophen, die sie immer in der Boulevard-Zeitung liest. Meine Oma hatte vorher dazu tendiert mir alles, was ich ihr aus meinem Leben erzählt habe, madig zu machen, weil die Welt ja so schlecht sei. Aber durch diese Geschichten hörte sie komplett auf damit und man konnte sich wieder richtig nett mit ihr unterhalten. Eine tolle Aufgabe für Kinder auch mal der Oma etwas vorzulesen statt immer nur umgekehrt.

- All-Einheit ist auch in der Natur spürbar. Mach eine Sonnenaufgangswanderung mit deinen Kindern und geht Bäume umarmen und Sonnenstrahlen tanken. Das ist schon mit Babys möglich im Tragesack. Sie bekommen die Stimmung von ganz alleine mit, ohne jede Erklärung. Mit größeren Kindern kann man darüber sprechen, dass alles, was sie sehen, eigentlich nur minikleine Teilchen (Atome) mit ein paar Lichtblitzen, die drum herum flitzen, sind (Elektronen) und dass 99 Prozent der Materie einfach nur Nichts ist.

Eigentlich besteht alles nur aus Nichts und Energie: Die Bäume, die Tiere, die Menschen und selbst die Sonne. Spür die Kraft, die dieses Nichts plus Energie zusammenhält und so unterschiedlich formt, dass wir denken, wir wären alle ganz unterschiedlich und getrennt von Wald und Wiese und den Ameisen darin. In Wirklichkeit ist alles eins und wirkt aufeinander. In der Stille eines sonnigen Morgens kann man am ehesten ein Gefühl der Verbundenheit mit allem bekommen.

Kurze Lichtblicke zur Anregung im Umgang mit heranwachsenden Lichtkindern

Vor der Zeugung

Vor vielen Jahren hat mir einmal ein spiritueller Lehrer gesagt, wenn die Eltern bei der Zeugung gemeinsam ein gesundes und glückliches Kind einladen, das zu ihnen passt, dann kommt auch eins. Ansonsten kommen Seelen, die zum Familienkarma passen. Natürlich passen die gesunden, glücklichen auch dazu, aber sie leben bereits mehr das positive Potential der Familien und haben nicht mehr so viel abzuarbeiten. Das liegt daran, dass eine bewusste Einladung der Eltern auch bewusste Seelen anzieht.

Wenn man nicht schwanger wird, obwohl man es sich wünscht, ist die bessere Lösung sich dem Thema der eigenen Gesundheit und inneren Reinigung zuzuwenden, anstatt zur künstlichen Befruchtung zu marschieren. Letztere birgt erhebliche gesundheitliche Risiken sowohl für die Kinder als auch für die Mutter.

Tipps und Ideen findet man vielleicht auch in meinem Buch »Neue Dimensionen der Heilung« (www.chineng.de, www.hsintao.com und www.jobal.de beispielsweise halte ich für gute Anregungen und Wege, aber es gibt auch viele andere).

Die Natur hat nämlich meist einen Grund, warum sie jemanden nicht schwanger werden lässt. Wenn man den Körper reinigt und stärkt und er gesünder wird, dann verschwinden häufig auch die »Bedenken der Natur« und man wird doch schwanger.

Schwangerschaft

Das Kind ist nicht erst »da«, wenn es geboren ist, es ist da, wenn es im Bauch ist. Und man kann die ersten Kontakte mit ihm aufnehmen, auch wenn man noch gar keinen Bauch sieht. Fühl dich ein in das Wesen im Bauch, nimm mit ihm gedanklich Kontakt auf, erzähl ihm etwas oder sing ihm etwas vor. Wenn du ein Lieblingslied hast, das du ihm jeden Tag vorsingst, so wird es diese Melodie auch nach der Geburt erkennen und sich gleich geborgen fühlen.

In spirituellen Buchhandlungen gibt es inzwischen eine ganze Reihe von Büchern zum Thema: positive Kontaktaufnahme mit dem Baby schon in der Schwangerschaft.

Kindererziehung, Kindergärten, Schulen etc.

Wir möchten, dass unsere Kinder ohne Druck und Angst leistungsfähig werden und dass sie lernen, für sich und ihr Leben kluge Entscheidungen zu treffen. Wir wünschen uns, sie zu mündigen und selbstverantwortlichen Bürgern zu erziehen. Damit sie in der heutigen Wirtschaft erfolgreich sein können, müssen sie frühzeitig Probleme erkennen können, Chancen nutzen und kooperative Lösungsstrategien entwickeln. Dies sind Umfrageergebnisse bei Eltern, durchgeführt von Ulrich Steenberg, Lehrer und Autor von »Kinder kennen ihren Weg« (ISBN 3-927179-25-6 oder ISBN 3-9802-739-1-1).

Zusätzlich wünscht sich unsereiner auch noch, dass die Kinder mit einem spirituellen Bewusstsein und einer guten Verbindung zu ihrer eigenen Intuition groß werden.

Nichts davon erlernen Kinder bisher im normalen Schulsystem, das nach wie vor eher auf Druck, Leistungszwang und Befehl und Gehorsam mit wenig kreativem Eingehen auf das einzelne Kind aufgebaut ist.

- Hilf mir, es selbst zu tun
- Lass mich nicht allein, sondern begleite mich liebevoll, aber…
- … stör mich nicht beim selbst Entdecken.

Dies sind Auszüge aus der Montessori-Pädagogik, die eine der wenigen ist, die den oben aufgeführten, von den Eltern gestellten Ansprüchen tatsächlich gerecht wird (vorausgesetzt Schule oder Kindergarten sind gut geleitet). Es ist eine Pädagogik, die vom Kind ausgeht und nicht vom aufgepfropften Lehrprogramm. Hier haben sowohl die Lehrer als auch die Kinder Spaß und die Kinder lernen zudem meist mehr und schneller als im normalen System.

Sich hier entsprechend zu informieren und einzusetzen erfordert zwar Aufwand, aber er lohnt sich für die ganze Familie. Zum einen sind die Kinder glücklicher und zufriedener, was sich natürlich auch im Alltag zu Hause bemerkbar macht, und zum anderen trifft man ganz automatisch auf andere engagierte Eltern und tolle Freundschaften können entstehen.

Ebenfalls gut gefällt mir der Erziehungsstil »Love and Logic« aus den USA (Liebe und Logik). Es geht dabei vorwiegend um zwei Dinge: Eine liebevolle Beziehung zum Kind aufzubauen und zu erhalten und zweitens dem Kind beizubringen, kluge Entscheidungen für sich und sein Leben zu treffen.

Ein guter Einstieg in dieses Erziehungsprogramm ist es, sich bei aufkommenden Problemen zu fragen, ob dies eigentlich hauptsächlich ein Problem des Kindes ist oder ob das Kind gerade uns ein Problem verursacht. Ist es ein Problem des Kindes, dann liegt unsere Aufgabe darin Mitgefühl zu zeigen, als Berater zu fungieren und das Kind ganz bewusst aus eigenen Fehlern lernen zu lassen. Nur das Lernen aus eigenen Fehlern ist wirkliches Lernen.

Handelt es sich hingegen um ein Problem, welches das Kind mir verursacht, ist Grenzen setzen angesagt. Mariella Mathia, Heilpraktikerin und Psychologin, die nach dieser Methode arbeitet, sagt dazu: »Jedes bessere Kind wird diese Grenze natürlich nicht einhalten. Und schon dürfen wir wieder Mitgefühl zeigen, denn nun hat wieder das Kind ein Problem, weil wir als Eltern Konsequenzen ziehen werden. Jede Konsequenz aber ist nichts anderes, als dass das Kind die erneute Erfahrung macht, dass seine Handlungen und Entscheidungen Auswirkungen auf sein Wohlgefühl haben.«

Das ist der Schlüssel, dass das Kind lernt, selbst verantwortlich für seine Handlungen und Entscheidungen zu werden. Die Fehler, die es dabei als Kleinkind macht, kosten an Konsequenzen nicht mehr, als dass es mal friert, weil es nichts anziehen will, sich eine Schürfwunde zuzieht, weil es nicht aufpasst oder vielleicht hungrig ins Bett muss, weil es das Abendessen verschmäht.

Hat es im jugendlichen Alter noch immer nicht gelernt, kluge Entscheidungen für sich und sein Leben zu treffen, landet es schnell bei Drogen, schafft keinerlei Ausbildung und ähnliches. Der Preis für Fehlentscheidungen wird immer höher. Wir tun unseren Kindern daher einen großen Gefallen, wenn wir sie bereits in früher Jugend Erfahrungen mit Fehlentscheidungen machen lassen, zu einer Zeit, wenn diese noch geringe Auswirkungen haben.

Ganz bedeutsam finde ich an diesem Programm auch den Hinweis über die Wichtigkeit von Mitgefühl. Wenn ich nämlich schimpfe und wütend werde, denkt das Kind automatisch, dass ICH ein Problem habe. Wer sich ärgert hat ein Problem – simple Logik. Unbewusst denkt das Kind sofort, dass es selbst sich um das Problem nicht zu kümmern braucht.

Wenn ich dagegen ruhig und freundlich bleibe und Mitgefühl zeige statt zu schimpfen, dann ist die unbewusste Botschaft automatisch: »Tja, mein Kind, tut mir leid für dich, aber da hast wohl DU ein Problem. Mir geht es gut.«

Das hört sich schlicht an, ist aber genial. Man braucht es bloß in seiner Partnerschaft auszuprobieren. Wenn ich wütend werde, weil mein Partner etwas versiebt hat, zieht er sich sofort innerlich zurück und überlässt das Problem insgeheim mir. Wenn ich dagegen nur freundlich Mitgefühl zeige, lasse ich das Problem bei ihm ohne es zu übernehmen und er muss sich selbst darum kümmern. Die unbewusste Botschaft hinter diesen beiden Verhaltensweisen ist extrem stark. Probier es aus.

Tipps zur Literatur für eine konstruktive Erziehung ab dem Kleinkindalter wieder im Anhang.

Der 1-Minuten-Herzkontakt

Zeit, Zeit, wo bist du geblieben? Stress und Hektik sind heute überall verbreitet und sie auf ein gesundes Maß zu reduzieren ist in vielen Familien ein Langzeitprojekt, das jedoch nicht Thema dieses Buches ist.

Ich versuche daher erst gar nicht, jemanden zu überreden, sich mehr Zeit für die Kinder zu nehmen, sondern möchte lieber einen nützlichen Vorschlag machen, wie man die vielleicht wenige Zeit qualitativ besser nutzen kann.

Dazu ein kurzer Bericht vom Emmi-Pikler Institut in Budapest. Das ist ein Waisenhaus, das jeweils etwa 40 Waisenbabys und Kleinkinder aufnimmt. Die Kinder, die dort auch nur die ersten paar Jahre verbringen, zeigen später im Leben nicht die üblichen Heimkind-Problematiken, sondern werden zu sozial kompetenten, emotional ausbalancierten jungen Menschen. Wie schafft das Institut das? Wer es näher wissen will, findet Kontaktadressen wie immer im Anhang.

In Kürze nur eines: Die Kleinkinder und Babys sind den größten Teil des Tages sich selbst überlassen, in einer dafür passenden Umgebung, in der sie gefahrlos sich selbst, andere Kinder und allerlei altersgerechte Gegenstände erkunden können. Wenn sie jedoch dran sind mit gewickelt oder gebadet werden, dann gilt die ganze Aufmerksamkeit der Betreuerin wirklich nur ihnen. In dem Moment sucht die Betreuerin von Anfang an den Augenkontakt mit dem Kind, spricht mit ihm und geht behutsam und achtsam auf das Kind und seinen Rhythmus ein. Das Kind fühlt die zwischenmenschliche Nähe und die große Achtsamkeit und diese erfüllen es so und geben ihm in einem solchen Maße die Sicherheit beachtet und geschätzt zu werden, dass es sich den Rest des Tages vertrauensvoll der Umgebung hingeben kann, so wie sie gerade ist.

DAS ist genau der Trick. Egal wie wenig Zeit wir haben, wenn wir diese in eine Zeit hoher Qualität verwandeln, erhält das Kind bereits das meiste von dem, was es braucht. Selbst wenn du nur mehrmals am Tag eine Minute Zeit haben solltest, ist es ein Unterschied, ob du in dieser Minute geistig und emotional nur halb da bist oder ob du hundertprozentig da bist.

Stelle dir eine Minute vor, in der du alles stehen und liegen lässt, dich ganz auf das Kind einlässt, ihm in die Augen siehst und dich in es einspürst. Was geht in dieser Minute in deinem Kind vor? Wobei kannst du es für diese eine Minute liebevoll begleiten?

EINE solche Minute am Tag und dem Kind geht es besser als einem Kind, das die Mutter zwar zum Einkaufen, Kaffeekränzchen und Putzen immer hinter sich herschleift, dem sie aber immer nur zwischendrin ein paar Wortfetzen zuwirft ohne je wirklich ganz und gar, mit Haut und Haar, mit ihrer Aufmerksamkeit nur beim Kind zu sein.

Wir gehen hier natürlich nicht davon aus, dass jemand aus unserer Lesermitte sich wirklich nur eine Minute Zeit am ganzen Tag nimmt, wir wollen schließlich auch das Gute-Nacht-

Ritual voll genießen, die Wasseruntersetzer und vieles mehr, aber man kann jeden Tag durch solche »intensiv aufmerksamen Minuten« noch zusätzlich bereichern und dem Kind das Gefühl von beachtet werden und liebevoller Aufmerksamkeit und Mitfühlen geben.

Zusammenfassung

- Vor der Zeugung: Eltern können gemeinsam gesunde und glückliche Kinder einladen zu ihnen zu kommen.
- Schule und Kindergarten: Wähle nicht irgendeine Institution. Informiere dich über möglichst hohe menschliche Qualitäten oder engagiere dich dafür, dass mehr davon in bestehende Institutionen integriert wird!
- Liebevolle Aufmerksamkeit, Augenkontakt, ganz da sein, ganz mit dem Kind mitfühlen: Selbst für eine Minute mal hie und da sind sie das Beste, was man dem Kind geben kann. Es spielt danach oft von ganz alleine zufrieden mit sich selbst weiter.

Eltern können vorhandene Spiritualität fördern oder bremsen

Janina ist zwei Jahre alt. Eines Tages beim Waldspaziergang nahm sie sich eine Astgabel und begann hochkonzentriert damit vor einem Baum auf und ab zu wedeln. Die Mutter ist sich zum Glück dessen bewusst, dass man seinem Kind nichts Gutes tut, wenn man fragt: »Was ist das denn für ein Quatsch?« Sie fragte daher lieber: »Du Janina, was machst du denn da?«

Mit einem fast vernichtenden Blick der Sorte: »Also Mama, was ist das denn für eine Frage, das sieht man doch«, gab Janina Auskunft: »Ich heile die Bäume.«

Ah ja. Die Mama ließ das Kind Bäume heilen und redete ihm nichts drein, auch wenn sie selbst es nicht nachvollziehen konnte. »Mama auch Bäume heilen«, verkündete nun jedoch das Kind und suchte der Mama auch einen passenden Stock. Mama nahm brav den Stock und wedelte ein wenig unbeholfen ebenfalls vor einem Baum damit auf und ab. Fast ein wenig mitleidig sah das 2-jährige Mädchen ihr dabei zu und kam schließlich tröstend zu dem Ergebnis: »Mama noch übt.«

Das Beispiel ist genial. Denn genau das passiert in Tausenden von Familien auf die eine oder andere Weise. Die Kinder probieren aus und spielen, üben, arbeiten mit Energien. Die Eltern verstehen es nicht, können es nicht nachvollziehen und schon stehen wir an einem wichtigen Scheideweg für die Zukunft: Rede ich dem Kind ein, dass es unter einer verschobenen Wirklichkeitswahrnehmung leidet und dass es Quatsch redet, oder ziehe ich in Erwägung, dass ich diejenige mit einer beschränkten Wirklichkeitswahrnehmung bin?

Wenn ich spirituelle Wahrnehmung in meinen Kindern fördern und sich frei entfalten lassen will, dann ist das, was Janinas Mama gemacht hat, genau das Richtige: Das Kind liebevoll begleiten, teilhaben und das Kind tun lassen, ohne ihm etwas auszureden.

Wie viele Eltern reden vormittags ihrem Kind aus, dass es selbst heilen kann und nachmittags rennen sie selbst zum Geistheiler wegen irgendeinem Zipperlein. Vielleicht erzählt der Heiler ihnen dann: »Wissen Sie, ich hatte eine schwere Zeit. Die Fähigkeiten hatte ich eigentlich schon als Kind, aber ich musste sie jahrelang unterdrücken und verstecken, weil alle sich darüber lustig machten und sie mir ausreden wollten…«

Achtung: Alle Kinder sind ein bisschen telepathisch!

Mama 1 und Kind waren unterwegs zur S-Bahn, um die Freundin Hanna abzuholen. Als die S-Bahn in den Bahnhof einfuhr, kommentierte die 2,5-jährige: »Da ist Hanna nicht drin.« Die Mutter überlegte kurz, ob sie gleich auf dem Absatz umdrehen oder aber abwarten und die Aussage überprüfen solle. Ersteres hätte gereicht, denn es stellte sich heraus, dass Hanna die S-Bahn verpasst hatte.

Mama 2 fuhr mit 2 Jahre alter Tochter Julia im Auto spazieren. Am Straßenrand sah sie ein sehr heruntergekommenes Haus und dachte im Vorbeifahren: »Na, da möchte ich ja im Leben nicht wohnen.« Laut sagte sie gar nichts. Aber da krähte schon ein Stimmchen von der Rückbank: »Gell Mama, da möchtest du nicht wohnen...«

Gedanken sind Energie. Das weiß eigentlich jeder. Man spürt auch ohne Worte, wenn jemand schlecht über einen denkt. Man spannt sich automatisch an und fühlt sich im Extremfall der Person gegenüber sofort unwohl. Wenn jemand dagegen auf den ersten Blick denkt: »Ach, die oder der sieht aber nett aus«, dann kann man diesen wohlwollenden Gedanken ebenfalls im selben Moment spüren.

Wenn wir davon ausgehen, dass wir in einer Zeit leben, in der alle Kinder wie ein leuchtender Diamant geboren werden und wir als Eltern diejenigen sind, die ihn polieren und zum Leuchten bringen oder einstauben lassen, dann ist klar, dass für die Eltern Gedankenhygiene angebracht ist!

Wenn Kinder erfühlen können, ob jemand in einer S-Bahn sitzt oder nicht oder ob Mama einer Person oder Sache gegenüber positive oder negative Gedanken hegt, dann spüren sie *erst recht* was Mama und Papa voneinander denken.

»Mein Gott, die blöde Zicke rafft mal wieder gar nichts…« oder

»Der blöde Hirsch, die dämliche Zicke, ich könnte ihn/sie an die Wand knallen…« sind Gedanken von Mama und Papa, die meines Erachtens jedes Kind zumindest unbewusst mitbekommt. Das Kind besteht schließlich zu jeweils 50 Prozent aus den Genen und Energien von Mama und Papa. Wenn die beiden sich gegenseitig ablehnen, fühlt das Kind sich ebenfalls abgelehnt.

Ein Arzt, der auch mit Psychologie arbeitet, hat mir einmal gesagt, dass 99 Prozent aller Kinder aus geschiedenen Ehen oder von allein erziehenden Eltern irgendwann in der Pubertät Selbstmordgedanken hegen, wenn mindestens ein Elternteil wiederholt schlecht über den anderen gesprochen hat. Das liegt daran, dass ein Kind, wenn man zu ihm beispielsweise sagt: »Dein Vater ist ein Idiot«, automatisch hört »Ich bin ein Idiot, schließlich bestehe ich zu 50 Prozent aus dem Idioten. Die Mama hat Glück, denn die hat ja keine Anteile von dem

Idioten in sich, sie ist ja nicht blutsverwandt mit ihm. Aber ich bin unrein und schlecht, ich bin gebrandmarkt, weil ich zur Hälfte aus diesem Idioten (oder aus dieser Idiotin) entstanden bin.«

Das braucht laut, in der Form, NIE jemand auszusprechen, diese Botschaft kommt trotzdem IMMER bei dem Kind an.

O.K., dazu zwei Fragen:

a) Wie machen wir es dann richtig, wenn wir den Erzeuger oder die Erzeugerin des Kindes nun mal nicht mehr ausstehen können?

Oder b): Wie machen wir es richtig bei einem Ehestreit?

Im ersten Fall können wir davon ausgehen, dass jeder Mensch ein positives, vollkommenes Potential hat, das jedoch nicht jeder Mensch lebt. Genau genommen lebt es fast keiner, eben deswegen wollen wir unsere Kinder wieder zu Lichtkindern werden lassen, damit sie die Chance bekommen, ihr höchstes Potential zu leben.

Mache dir daher das höchste Potential deines

Expartners klar und stelle dir vor, dass es das ist, was dein Kind von ihm übernehmen wird. Es ist gut, wenn du deinem Kind gegenüber respektvoll von seinem Erzeuger/ seiner Erzeugerin sprechen kannst und es lehrst, dessen/deren gute Eigenschaften zu sehen.

Noch besser wäre es, inneren Frieden mit jener Person zu schließen, denn so groß der Schritt sein mag und so wichtig es ist, mit Worten achtsam umzugehen, so kommt dennoch ein Stück der Energie von Verachtung auch dann noch beim Kind an, wenn sie nur in dir drinnen lebt.

Vergiss nicht, wichtig für das Kind ist Ehrlichkeit, damit es nicht verwirrt wird. »Die Mama spricht doch immer so nett vom Papa, aber es fühlt sich gar nicht nett an. Wie kann das sein? Wahrscheinlich stimmt mit mir was nicht.« Das ist ganz oft der Schluss zu dem Kinder dann kommen: dass mit ihnen was nicht stimmt.

Optimal: »Weißt du, Sohn oder Tochter, ich übe mich noch darin, deinem Vater/ deiner

Mutter zu verzeihen für die Probleme, die wir miteinander haben, und es gelingt mir nicht immer. Manchmal schiebe ich einen tierischen Groll, aber das ist eine Sache zwischen uns. Sie hat nichts mit dir zu tun. Ich freue mich, wenn ihr beide euch aneinander freuen könnt und wenn du auch das Positive an deinem Vater/ deiner Mutter sehen kannst. Das hilft mir, es selbst wieder zu sehen, denn irgendwann habe ich es ja auch gesehen, denn sonst wärst du heute nicht da.«

Leseempfehlung: »Ich bin das Licht« von Neale Donald Walsch. Überlege dir, welche Absprache du vielleicht im Himmel mit deinem Expartner getroffen hast. Was wolltet ihr euch gegenseitig lehren, so dass die gegenwärtige Situation entstanden ist? Wofür könnt ihr euch dankbar sein, trotz allem?

Kinder lernen durch Nachahmung, wie schon so oft erwähnt. Wenn dein Kind sieht, wie du mit deinen Schwächen umgehst und wie du dich darum bemühst, dein höchstes Potential freizulegen und zu leben, so bekommt es damit Ideen, wie es mit seinen eigenen, zweifellos vorhandenen Schwächen umgehen kann.

Kommen wir zu Fall b, dem Ehe-/Beziehungsstreit. Zwei Buch-Tipps auch hierzu: »Die sieben Geheimnisse der glücklichen Ehe« von John Gottman (genial) oder »Die zehn Geheimnisse der Liebe« von Adam Jackson (gut) oder die Bücher von Chuck Spezzano (sehr gut, aber auch sehr lang).

Kurz gesagt ist es immer ungünstig, auf schlechte Energie vom anderen mit einzusteigen und sie zu vermehren, indem man selbst schlechte Energie dazu produziert. Man kann solch ein Stimmungs- und Verhaltenstief des anderen dagegen nutzen, um sich zu erinnern: »Ich bin okay, so wie ich bin, ich liebe mich, so wie ich bin, ich bleibe in meiner Mitte und lade positive Energie und Stabilität in meinen Körper ein.

Du bist verantwortlich dafür, wie du drauf sein willst, ich bin verantwortlich dafür, wie ich drauf sein will. Ich bleibe in einer hohen konstruktiven Schwingung. Ich liebe mich.«

Wenn du das übst und wirklich so drauf bist, dann ist das, als würdest du deinem Partner einen glasklaren Spiegel vorhalten. Dieser Spiegel sagt überdeutlich: »Der einzige Mensch, der sich hier schlecht benimmt und der schlechte Stimmung verbreitet bist du. Ich bin ein positiver Mensch in positiver Stimmung.« Das wird dem anderen in den allermeisten Fällen sehr schnell unangenehm sein. Schließlich möchte man nicht dastehen wie ein derber Trampel. Gegenüber einem souverän in seiner Mitte ruhenden Menschen wirkt man aber nun mal immer wie ein derber Trampel, wenn man aggressiv nörgelt und Streit sucht.

Hier setzt dann die Übung für Fortgeschrittene ein: Hab in genau solch einem Stressmoment das Bild von deinem Partner im Kopf, wie er ist, wenn er sich gerade von seiner besten Seite zeigt.

Stell dir vor, was der andere tun kann, wenn er

in diesem Moment umschaltet in sein höchstes Potential. Vielleicht kannst du ihn daran erinnern, wenn dein Partner es gerade vergessen hat.

Die Konsequenzen deiner Entscheidung sind eindeutig: Soll dein Kind dir nachmittags mit schlechten Stimmungen die Hölle heiß machen, weil vormittags ein Lehrer schlecht drauf war oder soll es lernen, dem Lehrer die Verantwortung für dessen Stimmung zu belassen und selbst verantwortlich dafür zu sein, was es aus seinem eigenen Tag macht? Überlege dir, was du deinem Kind vorleben möchtest.

Es gibt Versuche mit Bioresonanzgeräten (Kirlian-Video-Kameras und andere) die zeigen, wie sich negative Gedanken auf andere Menschen auswirken. Mein Seminarorganisator hat früher solche Experimente gemacht. Er ließ jemanden nach vorne kommen und schloss ihn an ein solches Gerät an. Die Person wurde gelobt, wie mutig es sei nach vorne zu kommen, so etwas könne nur eine gesunde Persönlichkeit sein etc. Die Brust der Versuchsperson schwillt und mit ihr das Energiefeld. Es wird gestärkt und freut sich über die positive Aufmerksamkeit und Anerkennung. Dann kommt der Hammer: »Aber ehrlich gesagt, ob ich mich an deiner Stelle nach vorne getraut hätte, mit so fettigen Haaren … Und geduscht hast du wohl auch schon lange nicht mehr.«

Wumm, ist das Energiefeld im Tal und es bedarf vieler Arbeit und erneuter positiver Aufmerksamkeit, um das wieder zu reparieren.

Man kann mit Energiefeldtests sogar zeigen, dass ein Schüler, von dem die Lehrer positive Resultate erwarten, weit Besseres leistet als einer, den sie für einen Dummkopf halten. Das Energiefeld des Kindes ändert sich, je nachdem, wer ihm gegenüber sitzt.

Und ähnlich verhält es sich mit dem Bild, das Kinder von ihren Eltern haben. Wenn sie von beiden Eltern ein positives Bild haben, sind sie stärker und gesünder im Leben, als wenn sie von mindestens einem Elternteil ein negatives Bild haben.

Der weiter oben schon erwähnte Herzspezialist Dean Ornish schreibt, dass Studien gezeigt haben, dass Studenten, die in ihrer Jugend das Verhältnis zu beiden Eltern als warmherzig angaben, in mittleren Jahren weitaus gesünder waren, als die, die zu mindestens einem Elternteil ein schlechtes Verhältnis hatten. Es tut einem Menschen einfach nicht gut, das Gefühl zu haben, zur Hälfte aus jemand Negativem gezeugt worden zu sein.

Wenn wir also negative Gedanken über unseren Partner zu einer Gewohnheit werden lassen, schwächen wir damit auf vielfältige Weise unser Kind. Wenn wir die Gedanken transformieren oder uns zumindest beständig darum bemühen, dann wird unser Kind auch dieses von uns abgucken. Es lernt dann: »Aha, ich darf das also auch gelassen sehen, wenn ich gerade sauer bin auf irgendwen. Derjenige ist meist nicht objektiv gesehen oder ausschließlich schlecht. Außerdem kann ich immer nur mich selbst ändern und oft ändert sich der andere dann automatisch.«

Dein Kind wird im Leben wesentlich mehr Freunde haben und mehr Anerkennung finden, wenn dies das Verhalten ist, was es zwischen seinen Eltern beobachten und von ihnen abgucken kann.

Auch vor krankhaft aggressiven oder einfach unangenehmen Menschen schützt man sich am besten, wenn man lernt auf sein Gefühl zu achten. Wenn man Menschen nicht nach ihrem Äußeren und ihren Worten beurteilt, sondern nach dem, wie man sich im Herzen fühlt, wenn man ihnen gegenüber steht. Das ist einer der Effekte, die man erzielt, wenn man mit seinen Kindern früh das Fühlen und Erspüren und in sich selbst Hineinhorchen übt.

Und: Erlaube deinem Kind selbst auszuwählen, wen es mag und wen nicht. Vielleicht hat das ein Jahr alte Kleinkind Gründe, den netten Onkel aus der Arbeit nicht zu mögen, auch wenn du meinst, es schade deinem Image in der Firma, wenn das Kind ihn ablehnt. Erlaube deinem Kind seine individuelle Wahrnehmung, dann wird es im Gefahrenfall am ehesten und schnellsten die innere Warnglocke wahrnehmen. Kinder, denen häufig erzählt wird, ihre Wahrnehmung sei Unsinn, die trauen ihr auch im Gefahrenfall nicht.

Zusammenfassung:
Kinder sind oft noch wesentlich schneller im Wahrnehmen von feinen Schwingungen und Stimmungen als Erwachsene. Eine besonders feine Antenne haben sie dafür, wenn ein Elternteil den anderen ablehnt. Da sie aus beiden Eltern entstanden sind, übertragen sie die Ablehnung auf sich selbst. Als Eltern sind wir daher gefordert, unsere negativen Gedanken über uns selbst wie über den anderen zu transformieren.

- Mache eine Übung daraus, das höchste Potential in deinem Partner (oder dem Expartner) zu sehen, wenn ihr zusammen seid oder wenn du über ihn sprichst.

• Mach eine Übung daraus, nur dich selbst verantwortlich für deine Schwingung und Stimmung zu fühlen und bleib in deiner Mitte und Selbstliebe, auch wenn dein Partner grad mal nicht ganz so gut drauf sein sollte.

Erinnere dich an deine eigenen Eltern. Wann geht es dir besser, wenn du sie innerlich als zwei schwache Personen mit vielen Fehlern siehst oder wenn du an ihr höchstes Potential und ihre besten Eigenschaften denkst?

Jeder Mensch hat ein vollkommenes Potential und Kinder können daraus schöpfen, egal wie viel oder wenig die Eltern selbst davon leben oder gelebt haben.

Unterstütze deine Kinder dabei, das höchste Potential in sich zu entdecken!

Keine Spiritualität ohne Liebe lehren oder trainieren

Was soll das heißen? Ich habe ein überdeutliches Beispiel kennen gelernt. Anna (Name geändert) ist 16 Jahre alt und eine Art esoterischer Katastrophenfeger.

Sie kam irgendwann per Zufall darauf, dass sie in der Lage ist zu spüren, welchen Text ihr Lateinlehrer im nächsten Schultest verwenden wird. Sie lehnte sich ab sofort genüsslich zurück und lernte in diesem Fach überhaupt nichts mehr. Bis die ersten Schwierigkeiten auftauchten, als der Lehrer Texte aus Büchern verwendete, an die sie nicht so einfach herankam. Statt das Lernen wieder aufzunehmen bezirzte sie einen Referendar ihr die Bücher zu besorgen und spionierte sogar selbst im Lehrerfach ihres Lateinlehrers herum.

So richtig wohl fühlte sie sich dabei nicht, aber da sie nun bereits seit eineinhalb Jahren kein Latein mehr gelernt hatte, war es zum Wiedereinstieg ins Lernen zu spät. Sie hatte jeden Anschluss verloren. Also mussten irgendwo die Texte her. Anna fühlte sich schlecht, aber ihr fiel keine andere Lösung mehr ein und so kamen ihr immer kriminellere Ideen, wie sie sich mögliche Texte für die nächste Arbeit beschaffen könnte.

Merke: Wissenschaft und Technik ohne Liebe führen zur Zerstörung und Verschmutzung der Natur, und Spiritualität ohne Liebe führt ebenfalls in Sackgassen, in einen Haufen Sachzwänge und am Schluss in die Selbstzerstörung.

Was will uns das obige Beispiel sagen? Dass wir mit unseren Kindern niemals spirituelle Fähigkeiten um ihrer Selbst oder um der Sensation eines Vorzeigekindes willen trainieren sollten. Damit werden die Kinder keineswegs befähigt ein glückliches und erfülltes Leben zu führen, eher im Gegenteil, wie man bei Anna sehen konnte, und ich habe leider noch weit schlimmere Beispiele gesehen.

Lehren wir daher Liebe, Dankbarkeit und Wertschätzung mit, damit die Energien, die unsere Kinder unterstützen, immer rein und wirklich unterstützend bleiben.

Auch Anna hat auf die Frage, ob sie das Entdecken dieser Fähigkeit insgesamt glücklicher oder eher unglücklicher gemacht habe, mit einer Schmollmiene und »Na ja, nicht so glücklich« geantwortet. Sie denkt derzeit über neue Einsatzmöglichkeiten ihrer Fähigkeit nach, und zwar über solche, die mehr ihrem echten Wohle und nicht nur ihrer Faulheit dienen.

Kurz hatten wir das Thema bereits beim Würfelspiel weiter oben im Buch: Kinder, die sich etwas einbilden auf spirituelle Wahrnehmungen aller Art, werden selten in der Lage sein, auch zu heilen. Heilfähigkeit wird einem meist nur gegeben, wenn man sich als Teil der Einheit, die aus allen Menschen besteht, sehen kann.

Das eigene Ego freudvoll zu genießen ohne von ihm beherrscht zu werden, Schönheit in allen zu sehen, eine hohe Qualität an zwischenmenschlicher Nähe zu erzeugen – wie können wir unseren Kindern das beibringen?

Ich hoffe, genügend Ideen und Anregungen im Teil mit den spirituellen Übungen gegeben zu haben.

Sich als Eltern Gedanken zu machen, wie man die erwähnten Qualitäten SELBST lebt, ist aber sicherlich das Effektivste, denn vor allem anderen lernen Kinder durch das Nachahmen ihrer Eltern. Wenn sie im Umgang mit diesen Einheit, Schönheit und zwischenmenschliche Nähe spüren, dann wird dies zu ihrem Lebensgefühl und sie haben das beste Werkzeug für ihr eigenes Leben in der Hand.

Kinder als Spiegel für die Eltern

Kinder, und insbesondere kleine Kinder, sind sehr stark verbunden mit den Eltern und sie reagieren unweigerlich auf die Stimmung und Schwingung der Eltern.

Bei einem Seminar in den USA, an dem ich vor Jahren teilnahm, durften Kinder anwesend sein. Eines Tages herrschte ein wildes Geschrei und Geraufe unter den Kindern. Die Eltern versuchten meditativ zu sein, waren aber eigentlich total genervt. Es lag einiges an Unzufriedenheit der Seminarleitung gegenüber in der Luft, was noch unausgesprochen war. Irgendwann entschlossen sich die Erwachsenen ihre aufgestauten Energien erstmal wieder in Fluss zu bringen und eine Runde zu tanzen. Es wurde ein richtig wilder Tanz, denn alle hatten das Bedürfnis etwas abzureagieren.

Das Lustige war, dass auf einmal alle Kinder einträchtig in einer Reihe an der Seite saßen und friedfertig und freundlich einfach nur zusahen. Als wir Erwachsenen das sahen, mussten wir alle laut lachen, denn es war einfach überdeutlich, dass die Kinder zuvor unsere aufgestaute Energie nicht ausgehalten und in Streit und Gebrüll umgesetzt hatten. Und nun, da wir wieder in Fluss kamen, waren die Kinder wieder völlig entspannt.

Wenn du also Geschrei und Streitereien in gehäuftem Maße im Hause hast, dann kannst du das als Gelegenheit nehmen, selbst Innenschau zu halten, wie es denn gerade in dir aussieht. Bist du authentisch, ausgeglichen, entspannt? Oder ist gerade eine Menge angestaut und nicht im Fluss?

Es gibt noch weitere bewusste und positive Einsatzmöglichkeiten für diese Spiegelreaktion zwischen Eltern und Kindern: Als meine Tochter vor einem Jahr Fieber hatte, hustete und sehr schlecht schlief, machte ich ganz leise eine Chi Gong Übung (www.hsintao.com) bei ihr im Kinderzimmer. Ich konzentrierte mich darauf, meinen ganzen Körper dabei zu entspannen und den Atem ganz sanft und ruhig fließen zu lassen. In dem Moment, in dem die Ruhe sich in meinem Körper ausdehnte, schien sie bereits auf Jola überzuschwappen. Sie hörte auf, sich herumzuwälzen und hustete auch nicht mehr. Nach zwanzig Minuten Chi Gong ging ich wieder schlafen und der Rest der Nacht verlief ruhig. Zuvor war ich schon fünf Mal hochgerannt, weil sie vom Husten aufgewacht war.

Bestellungen beim Universum – für Kinder

Für die Leser, die vielleicht eines meiner Bestellbücher gelesen haben, noch ein kleiner Hinweis zu den Bestellungen beim Universum. Kinder haben natürlich viel weniger Mühe ihre Bestellungen mit starker Energie, erfüllt von kindlicher Selbstverständlichkeit, abzuschicken und ihre innere Stimme zu hören, wenn »der Lieferbote antwortet«. Insofern kann es sich lohnen, ihnen auch diese Hilfsmöglichkeit vorzustellen.

Folgende Geschichte hat sich bei der Leserin Hiltrud zugetragen:

»Meine damals zwölfjährige Tochter Coco war kurz vor Schuljahresende völlig verzweifelt. Am letzten Schultag sollte sie ein Biologiebuch abgeben, das sie wohl verschlampt hatte. Außerdem fehlten ihre Busfahrkarte und das Portemonnaie und im nächsten Schuljahr sollte sie auch noch Kunstunterricht bei einer Lehrerin haben, die sie nun gar nicht mochte.

Große Suchaktionen blieben ohne Erfolg,

Buch, Fahrkarte und Portemonnaie blieben unauffindbar. Und an dem Kunstunterricht war ja nun überhaupt nichts zu ändern!!! Abends, gegen 23.00 Uhr war auch ich mit meinen praktischen Tipps, beruhigenden Worten und Nerven am Ende. Plötzlich fielen mir die Bestellungen beim Universum und die Finde-Engel ein. Mit dieser Kombination konnte ich mein Kind einigermaßen beruhigen und wir konnten endlich zu Bett gehen.

Am nächsten Tag, nach Schulschluss kam Coco fröhlich nach Hause. Sie grinste wie ein Honigkuchenpferd, denn: Das Biobuch hatte eine Schulfreundin gehabt, das Portemonnaie war aufgetaucht und die Fahrkarte war beim Hausmeister der Schule abgegeben worden. Und – last but not least – die ungeliebte Kunstlehrerin würde sie im nächsten Jahr nun doch nicht unterrichten, da Musik anstelle von Kunst zum Unterrichtsstoff im neuen Jahr gehören würde. Wenn das keine prompte Lieferung des Universums und der Engel war.«

Ich habe auch schon Zuschriften von Kindern erhalten, die sich Frieden mit anderen Kindern oder einem Lehrer bestellt haben. Größere Kinder bestellen sich den ersten Freund oder die erste Freundin, und wenn etwas verloren geht, wird es ganz oft per Bestellung wieder gefunden. Wer Angst vor Insekten hat, der bestellt, dass die Viecher genügend Abstand halten, und wem sein Taschengeld nicht reicht, der bestellt sich einen gemütlichen kleinen Nebenjob neben der Schule.

Man kann auch schon ziemlich kleinen Kindern erzählen, dass man das Universum immer um Mithilfe bitten kann.

Oder man nimmt die altbewährte Figur des Schutzengels. Es genügt, wenn das Kind das Gefühl hat, dass es immer da, wo es scheinbar an die Grenzen des Möglichen gerät, noch einen Joker im Ärmel hat, eine Hilfsinstanz, an die es sich wenden kann.

Ob diese Instanz dann Universum, Schutzengel, Gott oder nur das Unbewusste heißt, ist total egal. *Auf jeden Fall richtig und unbestreitbar ist, dass das Unbewusste immer mehr Lösungen kennt und finden kann als der Verstand und dass wir über genau diesen Verstand auch keinerlei Zugang zum Unbewussten bekommen.*

Das Unbewusste erreicht man nur über innere Bilder und Gefühle. Je schöner das Bild und das Gefühl, desto besser gelingt die Verbindung zum Unbewussten und der Intuition. Allein schon deswegen ist das Bild eines Schutzengels etwas sehr Wirkungsvolles. Es ist schön, verträumt, spielerisch, liebevoll und es umgeht ganz wundervoll unseren Verstand und führt uns direkt ins Reich des Fühlens und der Intuition.

Damit wird auch nicht alles möglich, aber viel mehr, als wenn man sich alleine auf den Weg macht. Und das ist doch schon mal eine Menge wert.

Natürlich gehört aber auch das Verständnis dazu, dass wir auf Dauer keine hochschwingenden Geschenke vom Leben erhalten werden, wenn wir selbst niedrig schwingen. Das verstehen

Kinder gut am Beispiel der hochschwingenden Musik, die man so schlecht aushält, wenn man gerade schlecht drauf ist und niedrig schwingt. Man kann einfach nur Dinge in sein Leben ziehen, die genauso schwingen wie man selbst. Der Rest bleibt nicht bei uns.

»Der Hund im Spiegelsaal« aus »Bestellungen beim Universum« oder das Büchlein »Der Wunschfänger-Engel«, auch von mir, sind weitere bildhafte Hilfen, um diesen Zusammenhang zu verstehen. Aber Kinder sind schlau, sie verstehen es auch am Resonanzbeispiel mit der Musik. Oder nimm das alt bekannte Beispiel mit dem Radiosender dazu: Wenn ich Antenne Bayern einstelle, kann ich nicht Radio Arabella hören. Ich muss die Frequenz in mir einstellen, die ich im Leben haben möchte: Liebe, wenn mir liebevolle Menschen und Situationen begegnen sollen, und Frieden in mir, wenn andere nett und friedvoll mit mir umgehen sollen.

In diesem Sinne: Gut bestell!

Resümee

Indem wir selbst spielerisch einen ersten Umgang mit Energie üben, Stimmungen fühlen, Wirkungen von Energien bestaunen und unsere Intuition einölen, werden, fast ohne dass wir es merken, unsere Kinder befähigt, auch auf die leisen Töne in sich selbst und im ganzen Leben zu achten.

Spirituell verbundene Kinder hören die Stimme des inneren Lichtes und des Lebens, sie finden ihre Berufung und den Weg zu ihrem höchsten Potential. Wir können ihnen alles das geben, was wir in unserer eigenen Jugend gerne bekommen hätten, damit sie ihren Zugang zum inneren Licht nie verlieren.

Anhang

Zum Kapitel: Trinkfläschchen und Wassergläser selber energetisieren

Wer Näheres über die heilenden Wirkungen des Wasser- statt Colatrinkens und über vieles mehr wissen möchte, ist bestens beraten mit dem Büchlein: »Wasser – die gesunde Lösung« von Dr. Batmanghelidj.

Buchtipps zur Bestimmung der Wasserqualität anhand der Kristallbildung:
Fliege /Emoto: »Die Heilkraft des Wassers«
Masaru Emoto: »Die Botschaft des Wasser«, zwei herrliche Bildbände.

Zum Kapitel: Erdheilungs-Kinderkunst

Naturgeburtstag, NAJU Baden-Württemberg, Tel. 0711-6153644, www.naturgeburtstag.de

Das Buch »Natur – Kinder – Garten – Werkstatt« von Irmgard Kutsch und Brigitte Walden, Verlag Freies Geistesle-

ben gibt es für jede Jahreszeit. Das Frühlingsbuch hat die ISBN 3-7725-2201-7 www.geistesleben.com
Das Buch bietet vielfältige Ideen und Anregungen zum Spielen und Erleben mit Kindern im Freien und in Wald und Wiese.

Zum Kapitel: *Singspiele*
CD Mantren von Henry Marshall.
Vorsicht: Es gibt die CD entweder mit einmal vorgesungenem Text und danach muss man alleine weitersingen nur zur Musik, oder aber das Mantra wird das ganze Stück durch vom Chor mitgesungen, was ich persönlich schöner finde.
Wer sicher sein will, dass er die richtige CD geschickt bekommt, kann sie bestellen bei Druien, Eselsberg 8, 35578 Wetzlar, Tel./Fax: 06441-946633. Bitte dazusagen, welche man möchte.

Zum Kapitel: *Gute-Nacht-Rituale*
Die »Gewaltfreie Kommunikation« (von der in diesem Kapitel die spezielle Art von

Dankbarkeit beschrieben wurde) nach dem gleichnamigen Buch von Marshall Rosenberg ist von Kindern ab 4 Jahren in kürzester Zeit zu erlernen und sie bedienen sich dabei einer Giraffen- und einer Wolfshandpuppe. Als Streitschlichter für jeden Kindergarten und jede Schule einfach traumhaft.
Näheres unter www.cnvc.org. Dort gibt es unter der Rubrik »find a trainer« auch eine Liste von deutschen Trainern.

Peter Blug, der spirituelle Lebensberater, hat die Telefonnummer 06881-6617. Er kann auch beim Auflösen von alten »Rachefeldzügen« und sonstigen Themen helfen. Das geht sogar telefonisch. Es ist eine sehr schlichte Technik und sie bezieht sich mitunter auch auf mögliche andere Leben. Wer diese Möglichkeit grundsätzlich ablehnt, ist sicherlich bei ihm falsch. Wer sich gerne auf Überraschungen einlässt, kann dagegen oft einige verblüffende Einsichten bei ihm erleben.

Vorlesetipps für Gute-Nacht-Bücher:
N.D. Walsch »Ich bin das Licht«
Bärbel Mohr »Der Wunschfänger-Engel«

Thema Schwangerschaft
Spannend ist, wie Kinder die Stimme der Mutter und einfache Melodien bereits im Mutterleib hören und wahrnehmen können. Interessant dazu die Tomatis-Methode, siehe www.tomatis.de. Es gibt dort auch ein spezielles Programm für Schwangere. Laut Studien erleichtert es die Geburt.

Tipps zum Thema Kindererziehung
»Kinder kennen ihren Weg« - Einstieg in die Montessori-Pädagogik von Ulrich Steenberg

»Friedliche Babys, zufriedene Mütter« von Emmi Pikler

»Mit Kindern wachsen« ist eine Zeitschrift für Erziehungsfragen und ein Förderverein, der bundesweit Vorträge und Seminare zu Erziehungsfragen, ursprünglichem Kinderspiel und vielem mehr organisiert www.mit-kindern-wachsen.de oder Telefon des Vereinsbüros in Freiburg: 0761-4799540

Love and Logic gibt es als Buch leider bisher nur in Englisch. »Love and Logic: Magic for Early Childhood« von Jim Fay u. a., Love & Logic Press http://www.loveandlogic.com. Seminare und Vorträge in Deutsch hält Mariella Mathia, Heilpraktikerin und Psychologin in Herrsching bei München, Tel. 08152-982122. Sie arbeitet in Deutschland erstmalig und mit spezieller Erlaubnis des Love and Logic Institutes nach dieser Methode.

Auf der Website www.sorgenfresser.ch werden Kinder-Mentaltrainings angeboten – damit sie mit sich und der Welt besser zurechtkommen und bereits als Kinder lernen, ihre Welt für sich aktiv mitzugestalten. Es gibt auf der Seite, wenn man auf die Regenwolke klickt, auch einen Sorgenfresser, dem das Kind seine Sorgen übergeben kann. Der Sorgenfresser ist hoch erfreut davon, weil er ja von Sorgen lebt, und rülpst auch recht laut nach jeder Sorge, die ihm verfüttert wird ☺.

Eltern, die Interesse an einem guten Mentaltraining haben, empfehle ich die Seite www.aa-training.ch desselben Veranstalters.

Kopiervorlagen zu den Übungen

Hier kommt als erstes ein schwarz-weiß-Poster zum Licht und Liebe Senden. Es ist zum Heraus- und Großkopieren und Anmalen gedacht. Wer möchte, kann eine fertig kolorierte Fassung aber auch kostenlos von meiner Homepage herunterladen und ausdrucken.

Alle Illustrationen und auch die Bilder im Lichtkinder-Kartenset sind von:

Stefan Stutz
Rahlstedter Str. 100
22149 Hamburg
040-64892376
0172-4310522
stefanstutz@yahoo.de

LIEBE UND LICHT FÜR

Als nächstes folgen schwarz-weiß-Vorlagen für Untersetzer zum Energetisieren des Wassers. Man kann sie kopieren, ausschneiden, anmalen und mit durchsichtiger Klebefolie oder Laminierfolie im Copyshop wasserdicht machen.

Oder man malt sich komplett seine eigenen Untersetzer.

Es gibt auch fertig kolorierte und Wasser abweisende Untersetzer als Kartenset zu diesem Buch. Im Kartenset zusätzlich enthalten sind Ideenkarten für positiv anregende Gute-Nacht-Geschichten und Vorlagen zum selber Fertigen von Schablonen für Waldgeister, mit denen man kleine Energieplätze und »Feenschlösser« in der Natur anfertigen kann. Auch Karten mit Übungen sind im Set enthalten.

All-Einheit

Frieden

Gesundheit

Glück

Heiter und Gelassen

Inneres Licht

Lebensfreude

Liebevolle Freunde

Liebe und Dankbarkeit

Mut

Selbstbewusstsein

Jetzt kommen ein paar Vorlagen für Natur-Schablonen. Du kannst sie kopieren und das Schwarze herausschneiden. Nun legst du die Schablone auf Baumstümpfe, Rinden oder Steine auf. Die herausgeschnittenen Stellen bilden die eigentliche Figur, die du nun auf den Stein übertragen kannst, indem du die Schablone mit Kohle, Kreide, Henna oder anderen möglichst natürlichen Farben bunt ausmalst. Und schon ist ein Kinderherzen erfreuendes Energiesymbol für die Natur fertig.

Schablone 1

Schablone 2

Schablone 3

Schablone 4

Schablone 5

Bärbel Mohr

Lichtkinder Karten

In diesem Kartenset geht es darum: Wie können wir unseren Kindern diese Lichtnatur und das Bewusstsein der Verbundenheit mit Allem erhalten.
Ein Nebeneffekt dieses Im-Einklang-Seins ist auch, dass die Selbstheilungskräfte aktiviert werden und das Kind später seine wahre Berufung leichter erkennen und leben kann.
Die Karten bieten auf spielerische, heitere und doch tiefgehende Weise Unterstützung auf diesem Weg und so können sie als Ergänzung und Vertiefung zum Buch dienen, aber auch gut unabhängig davon verwendet werden.
50 Karten, vierfarbig im Kartonetui
Illustrationen: Stefan Stutz
9 x 12,7 cm, €17,95
ISBN 3-936862-53-2 Erscheint Sommer 2005!

Masaru Emoto / Jürgen Fliege

Die Heilkraft des Wassers

Jürgen Fliege und der japanische Wasserwissenschaftler Masaru Emoto eröffnen eine Dimension mit Tiefgang: Klangspeicher, Heilquell, Seelentröster – Wasser ist Leben. Ganz im Fluss ist auch dieser Schmuckband mit einfach atemberaubenden Fotots, der bisher unbekannte Fähigkeiten des wohltuenden Elements vermittelt.

144 Seiten, gebunden

€ 19,95

ISBN 3-936862-48-6